DUMONT DIREKT

Mailand

Aylie Lonmon

Inhalt

Das Beste zu Beginn

Nehmen Sie sich Zeit und gehen Sie zu Fuß – Mailand ist eine kleine Metropole. Viele Details sind ein bisschen versteckt – kuriose, malerische, mysteriöse: ein verwunschener Garten, ein schönes Portal, ein mittelalterlicher Kirchturm, ›gefangen‹ zwischen Neubauten, interessante Architektur aus der Zeit vor und nach dem Zweiten Weltkrieg.

Gut geliftet
Um einen ersten Eindruck von Mailand zu gewinnen, gehen Sie am besten vom Domplatz durch die Galleria Vittorio Emanuele zur Piazza della Scala und in den Parco Sempione. Dort geht's per Lift rauf auf die Torre Branca – der Blick von oben auf die Stadt ist fantastisch!

Mit Kunst und Design in Blickkontakt
Aufregende Dauer- und temporäre Ausstellungen zeitgenössischer Kunst sind in der Fondazione Prada und im Hangar Bicocca zu sehen. Das Triennale Design Museum zeigt u. a. die Meilensteine italienischen Designs – auch Architekturinteressierte langweilen sich hier nicht.

Mailand komplett aufgemöbelt
Wenn Sie Menschenmassen nicht scheuen, ist die Möbelmesse im April eine besonders gute Zeit, um Mailand zu besuchen. Denn der Salone del Mobile ist viel mehr als eine Messe. Dann quillt zwar die Stadt über, aber sie zeigt eine unglaubliche Vitalität und sonst verborgene Schätze: Private Innenhöfe und Gärten, die man das Jahr über nicht besichtigen kann, beherbergen Ausstellungen und Installationen.

Nicht billig, aber unvergesslich
Einmal sollten Sie sich einen Aperitif in einer der teuren Bars mit toller Sicht gönnen – zum Beispiel auf dem Dach der Triennale mit Blick auf den Parco Sempione, das Castello und die neue Skyline oder auf der Terrasse des schicken Ceresio 7. Auch die alten Bars und traditionsreichen Cafés sind einen Besuch wert, denn ihr Kaffee und ihr Gebäck sind meist sehr gut.

Das Rattern gehört dazu
Tun Sie es den Mailändern gleich und fahren Sie Straßenbahn. Garantiert ein Erlebnis! Über 160 km Gleise durchziehen die Stadt. Linie 9 fährt an der ehemaligen spanischen Mauer und den Bastioni entlang und führt in die Nähe vieler Sehenswürdigkeiten. Die Linien 1 und 2 fahren quer durch das Zentrum und an den Highspots vorbei.

!

Lieblingsspaziergang
Gehen Sie durch die Cinque Vie, die fünf Sträßchen zwischen der überlaufenen Via Torino, der Piazza degli Affari und dem Corso Magenta. Hier sind Sie mitten im alten Mailand mit seinen engen Gassen, alten Palazzi, Kirchen und Überresten aus römischer Zeit. Hinter strengen Fassaden verbergen sich schöne Höfe, Kreuzgänge und Gärten. Künstlerateliers, Traditionsgeschäfte und kleine Läden wie der Laboratorio Paravicini in der Via Nerino 8, der individuelles, zeitloses Porzellan herstellt, verleihen den Sträßchen Charme.

Zu Hause bei Künstlern
Einige Wohnungen, Häuser und Ateliers von Künstlern, Designern und Architekten, die das heutige Mailand mitgeprägt haben, sind heute Museen. An diesen Orten tauchen Sie in eine besondere Atmosphäre ein.

Schön chillen
Schlendern Sie am Abend durch das Navigli- oder das Brera-Viertel. In beiden gibt es unzählige Bars, Restaurants und Lokale. Lassen Sie sich einfach ein bisschen treiben und kulinarisch von Ihrer Nase führen.

Italien ist seit eh und je mein Heimatland. 12 Jahre habe ich in Mailand gelebt. Jetzt lebe ich auf dem Land nicht weit von der Schweiz. Doch Freunde und das Kulturangebot locken mich immer wieder in die sich ständig verändernde Metropole.

Fragen? Erfahrungen? Ideen?

Ich freue mich auf Post.

@ *Mein Postfach bei DuMont:*
lonmon@dumontreise.de

Das ist Mailand

Berühmt ist Mailand vor allem für Mode, Design und Fußball, doch da ist noch mehr. Viel mehr! Denn die Stadt war immer darauf angewiesen, selbst Schönes hervorzubringen – von der Natur wurde sie nicht so reich gesegnet: kein Fluss, kein Hügel, kein Meer. Auch verschweigt sie gern, dass sie eine antike Stadt ist. Für die Liebe auf den ersten Blick taugt Mailand eher nicht – die Liebe auf den zweiten Blick kann umso stärker sein.

Mailand hat sich neu erfunden

Mailand hat sich in den letzten Jahren stark verändert, ist aus seinem Tiefschlaf erwacht nach den lähmenden Jahren der Bestechungsskandale im von Wirtschaftskrisen geschüttelten Italien. Plötzlich wurde an allen Ecken und Enden gebaut und renoviert: Den Auftakt machte die Mailänder Scala, die ein Lifting bekam, ein neues Messegelände entstand außerhalb der Stadt, das U-Bahn-Netz erhielt eine neue Linie, eine weitere ist im Bau, und die Stadt wuchs in die Höhe – die Torre Unicredit ist das höchste Hochhaus ganz Italiens. Einen ordentlichen Energieschub bekam Mailand durch die Expo 2015: Pläne, die lange in den Schubladen gelegen hatten, wurden auf einmal erstaunlich schnell realisiert. Und Mailand ist dabei tatsächlich schöner geworden. Der Dom strahlt wieder leuchtend weiß, die Galleria Vittorio Emanuele erscheint in neuem Glanz und hat nun ein begehbares Dach. Viele Häuser wurden saniert, neue Grünflächen und Radwege angelegt. Ganze Straßenzüge sind nun Fußgängerzonen. Mailand ist menschengerechter geworden und die Mailänder genießen es, denn sie lieben Neuheiten, auch wenn sie erst mal darüber schimpfen.

Messe- und Geschäftsstadt Mailand

Es ist kein Zufall, dass die wichtigsten Events in Mailand, sieht man einmal von der alljährlichen Eröffnung der Scala ab, mit der Messe zu tun haben, denn Mailand ist eine Geschäftsstadt. Die meisten Besucher kommen zu den Modemessen und zur Möbelmesse. Der Salone del Mobile ist das weltweit wichtigste Design-Event – über eine Woche lang steht die ganze Stadt Kopf. Drumherum gibt es verschiedenste, verlockende Initiativen und Projekte. Den Anfang machte vor etwa 20 Jahren die Parallelveranstaltung Fuorisalone in der Tortona-Gegend. Inzwischen ist sie in der ganzen Stadt Kult. Ehemalige Fabrik- und Lagerhallen, Hinterhöfe und jeder andere erdenkliche Ort verwandeln sich in Showrooms, Designershops oder Galerien. Junge Designer kommen in Scharen aus der ganzen Welt, Empfänge, Partys und Shows jagen einander in dem dann kaum wiederzuerkennenden Mailand. Auch die Mode, die bisher nur einem exklusiven Publikum zugänglich war, verbindet sich immer mehr mit der Kunst- und Designszene und präsentiert sich nun der ganzen Stadt.

Italienisches Design

Schon in den 1920er-Jahren entwickelte sich Mailand zu einem Zentrum italienischen Designs. In den 1928 erstmals erscheinenden Fachzeitschrif-

›Tempo, tempo‹ scheint der Schlachtruf im Mailänder Alltagsleben zu sein.

ten »Domus« und »Casabella« stellten die damals gerade dem Politecnico entsprungenen jungen Architekten ihre Kreationen vor. Vorbilder waren Le Corbusier und Mies van der Rohe. Doch der wirkliche Designboom setzte erst nach dem Zweiten Weltkrieg ein, als der beginnende Wohlstand die industrielle Produktion ankurbelte und sich die Möbelfirmen in Designproduzenten verwandelten. Heute gibt es in Mailand einige bekannte Designschulen. Die Plätze sind begehrt, auch bei Studenten aus dem Ausland, denn in Mailand setzen Modeschöpfer und Designer die neuesten Trends.

Die Milanesi

Mailand zu verstehen bedeutet Italien zu verstehen. Denn Mailand ist eine Synthese, ein Konglomerat von Menschen aus dem ganzen Land. Doch was ist typisch mailändisch? ›Der‹ Mailänder und ›die‹ Mailänderin sind immer in Eile. Selbst den Kaffee trinken sie im Stehen – Tische und Stühle sind was für Touristen. Für vieles ist trotzdem Zeit da: Musik, Kunst, Mode, Kochen, Essen und Amüsement spielen eine wichtige Rolle. Und bei allem müssen die Mailänder immer gut aussehen: im Alltag möglichst schick und bei jedem besonderen Anlass richtig elegant – schließlich ist Mailand Italiens Hochburg der Alta Moda. Selbst zum Einkaufen im Supermarkt zieht man sich schön an und auch die Kinder sehen immer adrett aus.

Mailand ohne Mailänder

Die günstige geografische Lage – die oberitalienischen Seen und die Schweiz sind nur eine, das Meer eineinhalb, die Berge knapp zwei Stunden entfernt – treibt alle Mailänder, die es sich leisten können, am Wochenende aus der Stadt, während Scharen von Jugendlichen aus dem Hinterland die Multistores und Fast-Food-Lokale im Zentrum stürmen. Wundern Sie sich nicht, wenn Sie auf dem Domplatz dann kaum einen Einheimischen antreffen – am Montag sind alle wieder zurück.

Mailand in Zahlen

1
Briefkasten aus napoleonischer Zeit existiert noch – am Palazzo del Senato.

2
der ursprünglich sechs mittelalterlichen Stadttore sind erhalten geblieben.

4
Menschen brachte der erste Serienmörder Italiens in der Via Bagnera um.

8
Hochhäuser wurden in den letzten Jahren in Mailand errichtet.

9
Bezirke hat Mailand.

12
Universitäten ziehen Studierende aus ganz Italien an.

20
% der Mailänder haben einen Migrationshintergrund.

94
Baum- und Pflanzenarten wachsen auf dem Bosco Verticale.

116
Jahre war Mailand die Hauptstadt des römischen Reichs.

418
grüne Trinkbrunnen, ›vedovelle‹, verteilen sich über die Stadt.

919
Stufen führen zum Domdach hinauf.

600
der rund 4000 Verlagshäuser Italiens residieren in Mailand.

3200
Statuen schmücken den Dom.

372 151
Fachbesucher kamen 2016 zur Möbelmesse.

231
m hoch ist die Torre Unicredit, das höchste Gebäude Italiens.

Was ist wo?

Kaum eine andere Stadt hat ein so eindeutiges Zentrum wie Mailand. Herz und Mittelpunkt der lombardischen Metropole ist der Dom. Von ihm aus sind nahezu alle wichtigen Sehenswürdigkeiten schnell zu erreichen.

Orientierungspunkte

Mit einem natürlichen Orientierungspunkt wie einem Berg oder einem Fluss kann Mailand nicht dienen, aber die Architektur hat guten Ersatz geschaffen. Auf alle Fälle hilft es, die Stadt einmal aus großer Höhe zu betrachten: vom Dach des Doms oder von der Torre Branca. Wenn Sie einen Blick auf den Stadtplan werfen, können Sie gut die Kreise erkennen, die sich um die Kathedrale ziehen, und die Verbindungsstraßen, die sich wie ein Spinnennetz ausbreiten. Markante Punkte im Stadtbild sind das **Castello Sforzesco,** die **Torre Velasca,** das **Pirelli-Hochhaus** und die neuen **Hochhäuser an der Porta Nuova,** allen voran die **Torre Unicredit.** Versuchen Sie sich deren Lage und auch die der der **Navigli** (Kanäle) im Süden und der großen **Stadttore** aus dem 19. Jh. am zweiten Stadtring einzuprägen, dann kann nichts schiefgehen.

Die Ringe

Mailand hat seine konzentrische Struktur bewahrt. Im Laufe der Jahrhunderte wurden die Stadtmauern immer wieder erweitert, sodass jeder Ring einer historischen Phase entspricht. Die letzten, die Autobahnringe, gehören zur industriellen Phase. Der heutige innere oder **erste Ring,** den die Mailänder **Cerchia dei Navigli** nennen, erhielt seinen Namen von dem Kanal, der noch bis in die 1930er-Jahre hinein genau dort floss, wo zuvor die mittelalterlichen Stadtmauern aufragten. Noch stehen einige der alten Stadttore. Dieser Ring trennt das alte Zentrum von der ehemaligen Peripherie. Den **zweiten Ring** bilden die **Bastioni,** auch Cerchia delle Mura spagnole genannt. Diesen Namen werden Sie aber nirgends finden – er geht auf die Mauern zurück, die im 16. Jh. unter der spanischen Herrschaft errichtet wurden. Teile dieser Mauer sind noch zu sehen. Die Straßenbahn 9 umrundet weitgehend diesen Ring. Die meisten Sehenswürdigkeiten konzentrieren sich innerhalb des ersten Rings, einige liegen aber auch innerhalb des zweiten Rings. Den **dritten Ring** bilden die **Viali,** breite Alleen, die Ende des 19. Jh. angelegt und größtenteils nach den italienischen Regionen benannt wurden, den **vierten Ring** bilden die **Autobahnen.**

Innenstadt

Mailand ist in neun nummerierte Bezirke unterteilt, die allerdings nicht ganz den traditionellen Stadtteilen entsprechen. Herzstück ist das **Centro** (F 5)**,** das historische Zentrum rings um den Dom. Benachbart findet man die Scala. Sternförmig um den Dom herum liegen das Künstlerviertel **Brera** (F 3/4) mit seiner Pinakothek und den vielen Lokalen, das **Goldene Karree** (G 4) mit allen Modelabels in gedrängter Reihe, die **Università Statale** (G 5/6) mit ihren schönen Innenhöfen, das **Centro degli Affari** (Geschäftsviertel; E 5) zwischen der Scala und der Piazza Cordusio mit den protzigen Tempeln der Banken und der Börse. Die Basiliken San Lorenzo und Sant'Eustorgio liegen im lebhaften **Ticinese-Viertel** (E 6/7) und **Sant'Ambrogio** im vornehmen Stadtteil gleichen Namens (D 5). Hier leben alteingesessene Familien in Häusern mit reizvollen Innenhöfen und Parks, die man hinter den schlichten Fassaden kaum vermuten würde. Und dann das **Castello**

Sforzesco (🗺 E 4), die mächtige Sforza-Burg, mit ihren verschiedenen Museen.

Außenringe

Das **Navigli-Viertel** (🗺 C–E 7/8) ist eines der Hauptausgehviertel von Mailand – hier fließen die letzten Kanäle und abends Bier, Wein und Cocktails. Auch **Chinatown** (🗺 D/E 2) ist rund um die Uhr belebt. Anders als in anderen Städte existieren hier China und Mailand nebeneinander.
Das ehemals durch die Bahnlinie abgeschnittene und verrufene Arbeiterviertel **Isola** (🗺 F/G 1) hat dank der isolierten Lage seinen alten mailändischen, etwas dörflichen Charakter bewahrt. Als hier die Fabriken schlossen, ist das Viertel nicht ausgestorben, vielmehr entwickelten sich neue Strukturen. Zu den ›echten‹ alten Trattorien gesellten sich neue Restaurants und Lokale, auch Kunstgalerien wurden eröffnet. In der Via Pastrengo haben sich reizvolle Läden und Ateliers angesiedelt. Das Teatro Verdi bietet ein fantasievolles alternatives Programm. In der Umgebung wohnen Alteingesessene und Neuzugezogene. Der Stadtteil ist belebt, tagsüber dank seiner Geschäfte und eines regen Wochenmarkts und abends auch durch Lokale wie das berühmte Blue Note.
In nächster Nähe ist rasend schnell das neue Hochhausviertel **Porta Nuova** (🗺 F/G 1/2) aus Glas und Stahl emporgewachsen, eine Modellstadt, die neben dem alten Wohnviertel immer noch wie ein aseptischer Fremdkörper wirkt. Die zentrale, über Treppen und Rampen erreichbare, rund 6 m über Straßenniveau gelegene Piazza Gae Aulenti verbindet das Quartiere Isola mit dem quirligen Corso Como. Trotz einer gewissen Kühle hat ihr Herz schnell begonnen zu pulsieren. Inzwischen ist sie eine belebte und ausgesprochen beliebte Piazza. Umschlossen wird sie von der wahrhaft herausragenden Torre Unicredit. Wenige hundert Meter entfernt belüften die Bäume und Sträucher der Torri del Bosco Verticale die Stadt.

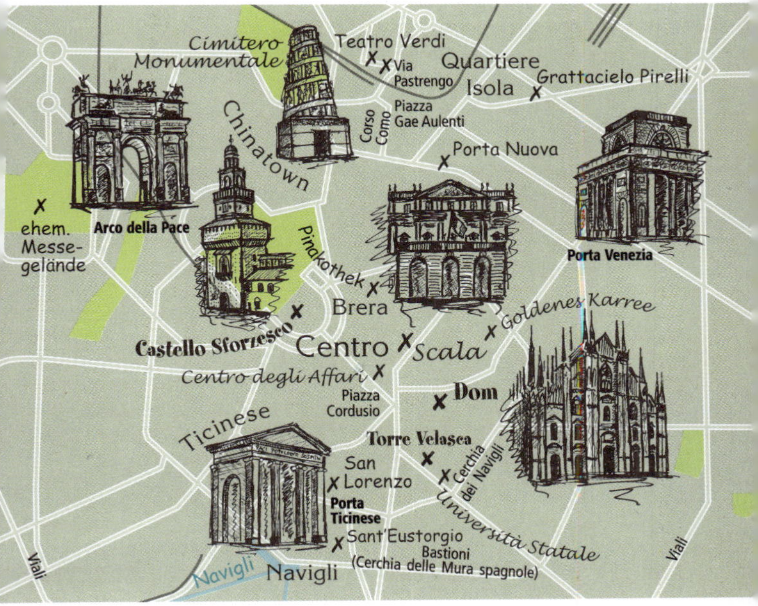

Augenblicke

Inspirationsquelle Mailand

Jedes Jahr pilgern Einrichtungsprofis und Design-Aficionados aus der ganzen Welt nach Mailand, um beim Salone del Mobile den Puls der Branche zu fühlen. Mit dem Fuorisalone, der parallel zur Möbelmesse stattfindet, verwandelt sich die Stadt in eine andere: Ob auf den Straßen, in den Lokalen, in den Kreuzgängen der Università Statale, in Privatwohnungen oder Showrooms – überall ist etwas los, überall stößt man auf spannendes Design und inspirierende Ausstellungen.

Auf Zeitreise gehen

Auf den blank gesessenen Holzbänken der Tram hockend oder stehend, sich an den ledernen Handgriffen festhaltend, haben Generationen von Mailändern ihre Hausaufgaben gemacht, Akten durchgelesen, geplaudert – begleitet vom vertrauten Geratter. Seit über einem Jahrhundert gehört die Tram ins Stadtbild, ist eine Art lebendiges Verkehrs- und Geschichtsmuseum. Heute gibt es moderne, grüne Straßenbahnen, die über 250 Personen fassen. Doch die besondere Liebe der Mailänder gehört dem gelben Modell ›Peter Witt‹ von 1928.

2
1833
T

Das Leben feiern

An der Darsena spürt man, dass Mailand früher eine Stadt des Wassers war. Das zur Expo renovierte alte Hafenbecken ist zu einem neuen Zentrum der lombardischen Metropole und Symbol ihrer Wiedergeburt geworden. Zigtausende Mailänder kamen zur Einweihung. Hier verfolgten sie auf Riesenbildschirmen die Fußballweltmeisterschaft und die Olympischen Spiele. Abends spazieren sie an den Ufern, kehren in Lounge-Bars ein oder sie sitzen auf den Mäuerchen, lassen ihre Beine über dem Wasser baumeln, trinken Bier, spielen Gitarre und vergessen, dass sie mitten in der Großstadt sind.

Ihr Mailand-Kompass

#2
Tempel der Musik – **die Scala**

#3
Eleganz triumphiert – **Window Shopping im ›Goldenen Karree‹**

MEKKA für Opernliebhaber

LUXUS UND GLAMOUR

#1
Wo Mailands Herz schlägt – **Rund um den Dom**

über 130 Türme zählen

WOMIT FANGE ICH AN?

1 2 15 14 13 12

WHO IS WHO IN STEIN

#15
Von Grab zu Grab – **Cimitero Monumentale**

ENTLANG DER LÄNGSTEN EINKAUFSSTRASSE MAILANDS

#14
Mode und Multikulti – **Corso Buenos Aires**

Sterne gucken

Romantische Kanäle

#13
Muße und Museen – **Rund um die Giardini Pubblici**

#12
Flanieren wie in Venedig – **das Navigli-Viertel**

#4

Kunst als Mobiliar – **Musei Poldi Pezzoli und Bagatti Valsecchi**

WIE LEBT ES SICH IN EINER WELT AUS KUNST?

#5

Kultur und Szene – **das Brera-Viertel**

Kunsthungrige, Nachtschwärmer und Kartenleser

#6

Symbolorte, Kunstorte – **Castello Sforzesco und Piccolo Teatro**

Michelangelos letztes Werk

#7

Mailands grüne Lunge – **der Parco Sempione**

LUFT & KULTUR TANKEN

#8

Leonardo pur – **»Abendmahl« und Museo della Scienza**

Auf zum gefeierten UNIVERSALGENIE

#9

Wo der geliebte Heilige ruht – **Sant'Ambrogio**

SCHUTZPATRON DER BIENEN

»ZWEITES ROM«?

#10

Römische Reste – **Spurensuche um den Corso Magenta**

von tiken äulen bis zum letzten HYPE junger DESIGNER

#11

Zeitsprünge – **Corso di Porta Ticinese**

1

Wo Mailands Herz schlägt – **rund um den Dom**

»Longh come la fabbrica del Domm« – »Lang wie der Bau des Doms«, so sagt man in Mailand zu Arbeiten, die kein Ende nehmen. Tatsächlich existiert die ehrwürdige Dombauhütte seit über 600 Jahren. Ihre Mitarbeiter vollbringen ›Spitzen-Leistungen‹: Allein über 130 Türme und Türmchen wollen gehegt und gepflegt werden.

So langsam Schnecken auch sind, im Rahmen einer Kunstaktion der Cracking Art Group, mit der Spenden für den Dom gesammelt wurden, schafften sie es bis ganz nach oben auf die Dachterrasse.

Ein ganzes ›Marmorgebirge‹ musste auf künstlichen Wasserstraßen vom Westufer des Lago Maggiore über die Navigli herangeschafft werden, um den gewaltigen gotischen **Dom** 1 zu errichten. 1386 unter Gian Galeazzo Visconti begonnen, prägt er bis heute Mailands Stadtbild – mögen sich die neuen Wolkenkratzer in der Ferne noch

so sehr in die Höhe recken. Die Fassade entstand erst 1805 unter Napoleon, der sich im Dom zum König Italiens krönen ließ.

Monster und Mussolini

Mit einer Länge von 158 m und einer Grundfläche von 11 700 m^2 ist der Mailänder Dom – mit vollem Namen Duomo di Santa Maria Nascente – das drittgrößte Gotteshaus des Abendlandes. Da dauert der ›Augenspaziergang‹ natürlich etwas länger – zumal sich an der Fassade, auf dem Dach und innen Erstaunliches zeigt: nicht nur Monster, Drachen und schreckliche Teufelswesen als Speier, auch ein ›getarnter‹ Kopf von Mussolini, Dante und Toscanini, ein berühmter Boxer, Tennisschläger – und weiß Gott nicht nur heilige Dinge …

Hingucker sind im nördlichen Querschiff der kostbare Bronzekandelaber Trivulzio aus dem 14. Jh. und im südlichen die makabre San-Bartholomäus-Statue. Der arme Heilige trägt seine Haut, die ihm bei lebendigem Leibe abgezogen wurde, wie eine Stola über der Schulter. In der **Urkirche Santa Tecla** unter dem Dom wurde Kirchgeschichte geschrieben: Im Baptisterium hat der hl. Ambrosius 387 den Kirchenvater Augustinus getauft.

Den eleganten Glockenturm von San Gottardo nebenan, die übrigen Kirchtürme und Dächer der Stadt und die neue Skyline – das alles sehen Sie an normal bewölkten Tagen vom Dach des Doms. Der Schönwetter-Blick aber reicht im Idealfall bis zum schneebedeckten Kranz der Alpen – ganz ohne Fernglas.

Dem Dom aufs Dach steigen

So feierlich das riesige fünfschiffige Innere mit dem dreischiffigen Querhaus und den 52 mächtigen Bündelpfeilern in dem Dämmerlicht wirkt, das durch die hohen, bunten Glasfenster dringt, so verspielt erscheint das Dach mit seinen 3400 Statuen und Türmchen – ein Meisterwerk der mittelalterlichen Steinmetze. Den Schriftsteller Hermann Hesse erinnerte die Dachterrasse an einen großen marmornen Garten. Man wandert zwischen Skulpturen und filigranen Turmspitzen. Auf der höchsten Spitze des Doms – über der Vierung – schimmert die inzwischen längst von Hochhäusern überragte, 4 m hohe goldene **Madonnina.**

Kunst mal zwei – profan oder sakral

Südlich grenzt der **Palazzo dell'Arengario** 2 an den Domplatz, ein monumentaler Bau des Faschismus aus den 1930er-Jahren. Italo Rota nahm sich 2002 bis 2010 des Bauwerks an und designte das spektakuläre **Museo del 900,** in dem eine spi-

Ü ÜBRIGENS

Im Mai und September können Sie einer ungewöhnlichen Zeremonie beiwohnen. Dann zeigt der Erzbischof den Gläubigen die kostbarste **Reliquie des Doms,** den Sacro Chiodo, einen Nagel aus dem Kreuze Christi: In einem mit Wölkchen bemalten Korb, der *nivola* (17. Jh.), gondelt er in die Höhe und holt die Reliquie herab. Normalerweise wird sie über dem Altar aufbewahrt – ein rotes Lämpchen signalisiert wo.

INFOS/ÖFFNUNGSZEITEN

Dom 1: www.duomomilano.it, tgl. 8–19 Uhr (Zutritt nur ›sittlich bekleidet‹: bedeckte Schultern, keine Shorts, keine Miniröcke!); **Museo del Duomo:** im Palazzo Reale 3, Di–So 10–18 Uhr, Eintritt 2 €, Mo geschl., Kombiticket mit Baptisterium 6 €. **Dom-Dachterrasse:** 9–19 Uhr (letzter Eintritt 18 Uhr); Zutritt über die Treppe 9 €, mit dem Lift 13 €. Sammelkarte Dom, Museum, Baptisterium und Terrasse 15 € mit Lift, 11 € via Treppe
Museo dell 900: Palazzo dell'Arengario 2, www.museodelnovecento.org, Mo 14.30–19.30, Di, Mi, Fr, So 9.30–19.30, Do, Sa bis 22.30 Uhr, 5 €, bis 25 J. Eintritt frei
Palazzo Reale 3: Piazza Duomo 12, T 02 88 46 52 30, Infos zu Ausstellungen auf www.comune.milano.it, Mo 14.30–19.30, Di, Mi, Fr, So 9.30–19.30, Do, Sa 9–22.30 Uhr
Highline Galleria 5: Via Silvio Pellico, 2/Ecke Piazza Duomo 21, www.highlinegalleria.com, tgl. 9–23 Uhr (letzter Eintritt 22.30 Uhr), Eintritt 12 €

ALLES, WAS DAS HERZ BEGEHRT

Kaufhaus La Rinascente 1: Piazza Duomo, www.rinascente.it, Mo–Sa 9.30–22, So 10–21 Uhr

KULINARISCHES FÜR ZWISCHENDRIN

Camparino 1: www.camparino.it, Di–So 7–20.40 Uhr
Berühmt sind die warmen *panzerotti* der kleinen Bäckerei **Luini 2** (Via Santa Radegonda 16, www.luini.it, Di–Sa 10–20, Mo 10–15 Uhr, im Aug. geschl., Snacks ab 2,50 €), eine apulische Spezialität: mit Mozzarella und Tomaten gefüllte Teigtaschen. Gegenüber gibt es bei **Cioccolatitaliani 3** (Via San Raffaele 4, www.cioccolatitaliani.it) köstliches Eis.

Cityplan: F 5 | **Metro** M1, M3 Duomo

ralförmig angelegte Rampe die Ausstellungsräume mit moderner Kunst zugänglich macht (▶ S. 78).

Das vom Erbauer der Scala, Piermarini, radikal klassizistisch umgestaltete Visconti-Schloss aus dem 14. Jh. heißt seit der Einigung Italiens **Palazzo Reale 3**. Im Bombenhagel von 1943 verbrannten und verfielen die neoklassischen Dekorationen. Man beließ die verkohlten Karyatiden im großen Saal. Heute bieten die Räume einen

Noch bis in die 1990er-Jahre waren am Eingang der Galleria Vittorio Emanuele Trauben von Menschen zu sehen. Es waren vor allem alte Mailänder, die angeregt über Gott und die Welt diskutierten. Heute gehört die Galleria fast ganz den Touristen – einen Besuch wert ist sie trotzdem.

beeindruckenden Rahmen für große Ausstellungen. Der linke Flügel beherbergt das sehr sehenswerte **Museo del Duomo** mit Skulpturen, vor allem aus dem 15. Jh., Wasserspeiern, Fialen und Türmchen, sehr lebendigen Bibelszenen aus Terrakotta, Statuen berühmter Mailänder Bildhauer und last but not least Holzmodellen vom Dom.

Die Mutter aller Einkaufsgalerien

Auf der großen, von Arkaden gesäumten **Piazza del Duomo** finden oft Kundgebungen statt. Belebt ist sie an anderen Tagen vom hastigen Kommen und Gehen der Mailänder und von staunenden Touristengruppen. Ein Triumphbogen lädt in die **Galleria Vittorio Emanuele II** 4 ein, Mailands ›Salon‹. Die 1865 errichtete Einkaufsgalerie ist nach dem ersten König des geeinten Italiens benannt. Hier können Sie auch bei Regen *quater pass* (vier Schritte) machen und sich im **Camparino** 1 zu einem Bitter treffen. Diese wunderschöne Jugendstilbar mit Mosaiken ist eine wahrhaft ›ambrosianische‹ (mailändische) Institution! 1867 erfand hier Davide Campari das berühmte Getränk gleichen Namens.

Ganz schön alt: 2015 feierte die Camparino Café-Bar ihr 100-jähriges Bestehen.

Die mit Glas und Stahl überdachte Mutter aller Einkaufspassagen, eine Verbindung zwischen Domplatz und Scala, galt im 19. Jh. als Symbol des Fortschritts. In ihren Cafés und Buchhandlungen trafen sich Literaten, Theaterleute und Musiker. Die Galleria war nicht nur der gesellschaftliche, sondern auch ein politischer Treffpunkt. Heute sind hier überwiegend teure Boutiquen, aber noch immer auch Cafés, ein Luxus-Hotel, Restaurants und Buchläden untergebracht.

2015 bekam die Galleria noch mal eins draufgesetzt: Die **Highline Galleria** 5, einen ›Laufsteg‹

M
MOSAIK

Das Bodenmosaik des Oktagons unter der zentralen Glaskuppel der Galleria mit den Stadtwappen von Mailand, Rom, Florenz und Turin muss regelmäßig restauriert werden. Denn sowohl die Mailänder als auch Touristen aus aller Herren Länder folgen dem Brauch, nach dem eine Hackendrehung auf den männlichen Attributen des Turiner Stiers Glück bringt …

über den Dächern mit Blick auf den Domplat und die neue Skyline der Stadt.

Etwas weiter, unter den Arkaden auf dem We zur Einkaufsstraße Vittorio Emanuele, warte das älteste und eleganteste Luxus-Kaufhaus de Stadt: **La Rinascente** . Auf sieben Etagen prä sentieren sich vor allem Mode und Produktdesig und ganz oben Delikatessen. Es gibt auch divers Bars und Restaurants, wo man auf der Terrass oder unter einer Glaskuppel mit Blick auf die Statuen und Türmchen des Doms sitzt.

Geschrumpfter Platz

Nur einen Steinwurf vom Dom entfernt eröffne sich auf der **Piazza dei Mercanti,** einst Mittelpunk der mächtigen mittelalterlichen Stadt, eine andere Welt. Hier können Sie sich ein bisschen vom Trubel auf dem Domplatz erholen. Früher war die Piazza dei Mercanti viel größer und der Palazzo della Ragione, auch Broletto genannt (1233), bildete das Zentrum. Dann riss der Bau einer Straße zwischen Domplatz und Piazza Cordusio die Piazza dei Mercanti auseinander. So kommt's, dass der **Palazzo dei Giuresconsulti** 6 (16. Jh.), einst die vierte Seite der Piazza, nun in der Via Mercanti steht. Zur Zeit der Kommune, als Mailand eine freie Stadt war, diente der **Broletto** 7 als Rathaus. Heute finden in seiner Loggia Ausstellungen statt. Das Reiterrelief auf der anderen Seite mit Stadtvogt Oldrado da Tresseno soll Benedetto Antelami, einer der größten Bildhauer des 13. Jh., geschaffen haben.

Eine perfekte Illusion

Schräg gegenüber vom Dom beginnt die **Via Torino,** eine lange, lebendige Einkaufsstraße. Ziemlich am Anfang steht etwas verborgen auf der linken Seite die kleine Kirche **Santa Maria presso San Satiro** 8. Die im 9. Jh. zu Ehren des Bruders des hl. Ambrosius gegründete Kirche wurde 1482 von Bramante umgebaut und aus Platzmangel mit einem im Flachrelief ausgeführten Scheinchor versehen. Diese perfekte Illusion – nur 97 cm tief! – zeigt, dass Bramante auch ein Meister der Perspektive war. Links hinter dem Querschiff liegt die ursprüngliche Kapelle Ansperto mit einer ergreifenden ›Pietà‹ von Agostino de Fonduti (1482).

Hinter dem Strickmuster der Stromleitungen ragt der romanische Glockenturm (9. Jh.) von Santa Maria presso San Satiro in den Himmel.

Tempel der Musik – die Scala

#2

Die alljährliche Eröffnung der Scala am 7. Dezember ist ›das‹ Gesellschaftsereignis des Jahres. Wie zu einem feierlichen Staatsakt empfängt die berittene Polizei Würdenträger und ausländische Staatsoberhäupter. Machen Sie sich nichts draus, wenn Sie in diesem Jahr auch wieder nicht dabei sind – besuchen können Sie die weltberühmte Bühne trotzdem.

Für den ›echten‹ Mailänder und die ›echte‹ Mailänderin ist die *lirica,* die Opernmusik, ein Lebenselixier. Daher verwundert es nicht, dass die **Scala 1**, die alliierte Bomben 1943 in Schutt und Asche gelegt hatten, sofort nach dem Ende des Zweiten Weltkriegs in Rekordzeit wieder aufgebaut wurde. Unter allen Umständen sollte das Symbol der Stadt, der Musik und der Kul-

Storys über die unglücklichen Liebschaften von Maria Callas füllten jahrzehntelang die Gazetten – ihre beständigste Liebe galt der Musik. Eines ist sicher: Der Mythos ›La Callas‹ ist untrennbar mit der Mailänder Scala verbunden (Maria Callas in Mailand im Dezember 1961).

Die Scala war ein Zentrum des Risorgimento, des nationalen Aufstands gegen die österreichische Fremdherrschaft. Der Schlachtruf »Viva Verdi« stand für »Viva Vittorio Emanuele, Re d'Italia« (Es lebe Vittorio Emanuele, König Italiens).

tur Italiens als erstes Gebäude wieder aus den Trümmern auferstehen. Bei der Neueröffnung der Scala am 11. Mai 1946 dirigierte Arturo Toscanini, der während der Herrschaft der Faschisten nach Amerika emigriert war.

Ausgeklügelte Bühnentechnik

Nur zwei Jahre brauchte Hofarchitekt Guiseppe Piermarini, um das 1778 mit Antonio Salieris Werk »L'Europa riconosciuta« eingeweihte Opernhaus im Auftrag der österreichischen Kaiserin Maria Theresia zu erbauen. Seinen Namen erhielt der außen schlichte, innen prächtig ausgestattete klassizistische Musiktempel von der an dieser Stelle abgerissenen Kirche Santa Maria della Scala.

Von 2001 bis 2004 sanierte der Schweizer Stararchitekt Mario Botta das Theater und versah es mit einer speziellen Drehbühne. Hinter der

INFOS/ÖFFNUNGSZEITEN

Teatro alla Scala 1: T 02 72 00 37 44, tgl. 9–18, Kasse tgl. 12–18 Uhr, im Aug. geschl. Info-Terminal in der Unterführung der Metrostation am Dom. Ticketreservierung/-kauf (2 Monate im Voraus!): T 02 86 07 75, www.teatroallascala.org. *Last minute* an der Abendkasse 1 Std. vor der Aufführung. Mit etwas Glück bekommen Sie eine der 140 günstigen Karten täglich, für die um 13 Uhr eine Warteliste unter den Arkaden links vom Eingang erstellt wird; Platzvergabe ab 17 Uhr. Tickets auch über www.ticketone.it oder Agenturen.

Museo Teatrale alla Scala: T 02 887 97 47 30, www.teatroallascala.org, tgl. 9–12.30, 13.30–17.30 Uhr (Tickets bis 30 Min. vor Schließung), 7 €

San Fedele 4: Piazza San Fedele 4, T 02 86 35 22 31, www.sanfedele.milano.it, tgl. 7.30–14.30, 16–19 Uhr

Museo Manzoniano 5: Via Morone 1, T 02 86 46 04 03, www.casadelmanzoni.mi.it, Di–Fr 9–12, 14–16 Uhr, Eintritt frei

KULINARISCHES FÜR ZWISCHENDRIN

Il Marchesino 1: Via Filodrammatici 2, T 02 72 09 43 34, www.ilmarchesino.it, Mo–Sa 8–1 Uhr (Küche bis 22.30 Uhr), Reservierung obligatorisch

Von der verglasten Terrasse des **Café Trussardi** 2 mit ihrem hängenden Garten blicken Sie direkt auf das Theater Filodramatici (Piazza della Scala 5, T 02 80 68 82 95, www.cafetrussardi.it, Mo–Fr 7.30–23, Sa 12–23 Uhr).

Cityplan: F 4 | Metro M1, M3 Duomo oder Montenapoleone, Tram 1

neoklassizistischen Fassade sieht man jetzt den 38 m hohen Bühnenturm und einen hohen, blasenförmigen Bau. Auch sonst wurde die Bühnentechnik erneuert – die Akustik ist hervorragend.

Dann wenigstens ins Museum!

Wenn Sie keiner Aufführung beiwohnen können, sollten Sie unbedingt das **Museo Teatrale alla Scala** besuchen. Es erzählt von den glorreichsten Zeiten der Scala, als Verdi hier seine Uraufführungen erlebte, Maria Callas ihre Arien sang und Toscanini dirigierte – alle bekannten Operngrößen sind hier aufgetreten. ›Reliquien‹ jeder Art zeigt das Opernmuseum: alte Bühnenbilder, Kostüme, unzählige Porträts berühmter Primadonnen, Sänger und Dirigenten nebst Büsten, Instrumenten, Drucken, Noten- und Librettomanuskripten. Besonders gefeiert werden Verdi und Puccini. Früher spaltete sich die Mailänder Bevölkerung in Verdi- und Puccinifans auf, ganz so wie sie es heute für die Fußballclubs Inter und Milan tut.

Zum Besuch des Museums gehört auch ein Blick ins Theater. Durchs Foyer geht es in eine der mit rotem Samt und Damast ausgekleideten Logen, die originalgetreu beibehalten wurden, ebenso wie der gewaltige Kronleuchter mit 365 Lämpchen. Mit viel Glück können Sie bei einer Probe zuschauen – allerdings hinter Glas. Das

Gefürchtet sind sie: die in einem Verein organisierten Amici del Loggione – die ›Freunde der Loge‹. Denn sie gelten als die wahren Kenner im Opernolymp. Durch stundenlanges Schlangestehen sichern sie sich Tickets für die 140 Plätze im obersten Rang. Selbst die berühmtesten Sänger und Regisseure zittern vor ihren Pfiffen und Buhrufen.

R
RISOTTO

Vor Vorstellungsbeginn in der Scala können Sie im eleganten **Il Marchesino** 1 links vom Haupteingang ein kleines Schüsselchen mit dem berühmten *risotto alla milanese* probieren (8 €).

Zuhören wird davon nicht beeinträchtigt und ist ein großartiges Vergnügen. Haben Sie allerdings Pech, dürfen Sie keine der Logen betreten.

Der Stadt, der Kunst und Gott geweiht

Gegenüber der Scala treffen Sie auf ein schönes Beispiel manieristischer Profanarchitektur: Der **Palazzo Marino** 2 (Rathaus) wurde in der Hochrenaissance von Galeazzo Alessi für den reichen Genueser Bankier Tomaso Marino erbaut. Seit 1859 tagt hier die Stadtverwaltung. Noch mehr Pracht ist an der Piazza della Scala zu bewundern: die **Gallerie d'Italia** 3. In drei Palazzi, früher Sitz einer Bank, ist die Kunstsammlung der Bankstiftung Intesa San Paolo beheimatet (► S. 78).

Hinter dem Palazzo Marino steht die Lieblingskirche der feinen Gesellschaft, **San Fedele** 4, ein Pendant zur Pariser Madeleine-Kirche. Jesuiten beauftragten 1569 den Architekten Pellegrino Tebaldi mit dem Bau des Gotteshauses, das zu einem der Symbole der Gegenreformation wurde.

Freiwillige ›Pflichtlektüre‹

Das **Denkmal** 5 auf dem Platz vor der Kirche feiert den berühmten Romanschriftsteller Alessandro Manzoni (1785–1873). Sein Wohn- und Sterbehaus, **Museo Manzoniano** 6, mit schönen Terrakottadekorationen an der Fassade steht ganz in der Nähe. Aus Erinnerungsstücken, Bildern und Manuskripten können Besucher im Geiste ihr eigenes Biopic drehen. Manzonis Hauptwerk, das dramatische Geschichtsgemälde »I promessi sposi« (Die Verlobten) über die Pest und die spanische Fremdherrschaft in der Lombardei ist Pflichtlektüre für alle Gymnasiasten – freiwillig gelesen hinterlässt es wahrscheinlich einen tieferen Eindruck (► S. 72).

Muskelspiel an der Fassade

Auf dem Weg zu Manzonis Haus kommt man an einem hochoriginellen Palast vorbei: der **Casa degli Omenoni** 7. Ihren Namen – Omenoni steht im Mailänder Dialekt für ›große Männer‹ – verdankt sie acht imposanten steinernen Atlanten, die das erste Stockwerk tragen. Der Hausherr Leone Leoni (1509–1590) war ein erfolgreicher, extravaganter Bildhauer und hat sich selbst im Gesims über der zentralen Tür verewigt.

Ü ÜBRIGENS

Giuseppe Verdi ist Italiens meistgeliebter Opernkomponist. Obwohl er herausragende Opernwerke hinterließ, nannte er eine ganz andere Schöpfung »mein liebstes Werk«: die **Casa di Riposo per Musicisti** (Casa Verdi), einen Altersruhesitz für mittellose Musiker, den er 1889 errichten ließ. Noch heute leben hier betagte Diven und Musiker. Nur 11 Min. dauert die Fahrt mit der Metro von der Station Cordusio dorthin. In einer Kapelle im Innenhof sind Verdi und seine zweite Frau, Giuseppina Strepponi, beerdigt (Piazza Buonarroti 29, T 024 99 60 09, www.casaverdi.org, M1 Buonarroti, Krypta tgl. 8.30–18 Uhr; Ehrensaal und übrige Räume nur nach Vereinbarung für Gruppen zu besichtigen).

Mannomann!

Eleganz triumphiert – **Window Shopping im ›Goldenen Karree‹**

#3

Das ›Goldene Karree‹ – Quadrilatero d'oro – gehört zu den Topadressen der italienischen Modeschöpfer. Hier wird von A bis Z, sprich von Armani bis Zegna, Mode zelebriert und in den Schaufenstern wie Kunst ausgestellt. Willkommen im Mekka der Shopping Victims!

Vor allem im März und im September zeigt sich, welche Rolle die Mode in Mailand spielt. Denn dann locken die internationalen Messen Modeschöpfer und Models, Fotografen und Journalisten sowie Schaulustige von überall her an. Im ›Goldenen Karree‹ zwischen der **Via Monte Napoleone,** der **Via della Spiga** und der **Via Manzoni** sowie deren Nebenstraßen herrscht zu dieser Zeit

Manche benötigen ihr ganzes Leben, um dem Geheimnis der Eleganz auf die Spur zu kommen. Die Via Monte Napoleone ist ein gutes Terrain, um Feldforschung zu betreiben.

Alltagstauglich ummantelt – Prada Store in der Via della Spiga.

Hochkonjunktur. In der Via della Spiga werden gar rote Teppiche für die Modezaren ausgerollt. Die Auslagen in den Schaufenstern gleichen Kunstwerken, die Verkaufsräume aufwendig geschmückten Galasälen. In riesigen Lofts und in den feineren Hotels jagt eine Modenschau die andere. Denn: Mode wird in Mailand zelebriert!

Walzer der Modeboutiquen

Die Nostalgiker unter den Mailändern leiden – sie fürchten, die Ecke verliere an Leben. Richtig ist: Mailand wandelt sich hier unaufhaltsam und scheint nicht zurückzublicken – die Mode boomt und kennt keine Krise. Zu Beginn jeder neuen Saison wird ›Bäumchen-wechsle-dich‹ gespielt: Die Modegeschäfte ziehen um, plötzlich findet man sie zwei Häuser oder eine Straße weiter. Doch wer es sich leisten kann, bleibt im ›Goldenen Karree‹.

Schön verrückt

Einen typischen Modebummel durch Mailand könnten Sie an der **Piazza San Babila** 1 starten. Dieser ästhetisch umstrittene Platz entstand in den 1920er- und 1930er-Jahren und war in den 70ern ein Schauplatz politischer Auseinandersetzungen. Ein sagenumwobener Markuslöwe auf einer hohen Säule vor der kleinen ›verschüchterten‹ Kirche **San Babila** blickt in Richtung Venedig, dessen Herrschaft nie bis Mailand reichte.

Von der Piazza geht es direkt in den Rummel des *quadrilatero d'oro* – unter der Prämisse, dass man im ›Goldenen Karree‹ in der Regel sehr tief in den Geldbeutel greifen muss. Doch selbst eine Window-Shopping-Tour hat ihren Reiz: Konzentriert auf kleinstem Raum gibt es hier die neuesten Kollektionen der weltweit bedeutendsten Luxuslabel in einmaligem Ambiente zu sehen. Den Auftakt bilden am **Corso Matteotti** 2 Läden wie **Moroni Gomma** 1 (Nr. 14) ein verrückter Laden für Designartikel, Objekte, Möbel – nicht nur aus Gummi – oder **Fornasetti** 2, mit Kreationen des ungewöhnlichen, eklektizistischen Designers Piero Fornasetti.

Stoff und Leder, Düfte und Designs

Weiter geht's in die **Via Monte Napoleone** 3, die älteste und traditionsreichste Straße der *alta moda:* Hier begann die Vermarktung alles

Ü
ÜBRIGENS

Vielleicht kennen Sie ihr Gesicht: das der Opernsängerin Lina Cavalieri. Es prangt auf Möbeln, Krawatten, Tapeten …, mal mit Pappnase, mal mit Schnurrbart oder als Sonne. Es ist das berühmteste Motiv des genialen Piero Fornasetti mit seinem unverwechselbaren, humorvollen Stil. Er mischte Surreales mit der strengen Architektur Piranesis. Sohn Barnaba führt das Werk seines 1988 verstorbenen Vaters mit ausgewählten Reproduktionen fort – zu bestaunen bei **Fornasetti** 2 am Corso Matteotti (Nr. 1a).

Schönen und Teuren. Auf den ersten Blick sieht die Straße, in der einst viele bedeutende Mailänder wohnten, mit ihren neoklassizistischen Häusern nicht ungewöhnlich aus. Es gibt keine Allee, keine Cafés mit Außengastronomie – rein gar nichts, was darauf hindeutet, dass hier die schicksten und teuersten Läden der Stadt warten: **Ferragamo** mit Schuhkreationen, in denen sich seit den 1960er-Jahren die Schauspieler und Schönheiten der Welt bewegen, **Gucci** mit ausgefallenen Lederwaren, **Etro,** bekannt für seine Düfte und Kaschmirstoffe, **Louis Vuitton,** dessen Koffer und Taschen zu den berühmtesten der Welt gehören, **La Perla** mit feinster Unterwäsche und Badeanzügen, der Herrenmodeladen **Ermenegildo Zegna** mit Anzügen und Hemden aus den edelsten Stoffen, **Aspesi** mit eleganten und sportlichen Kreationen für Sie und Ihn, **Prada, Marella Burani** – man kann sie gar nicht alle aufzählen.

Die Mailänder nennen die Via Monte Napoleone kurz und knapp auch ›Montenapo‹.

INFOS/ÖFFNUNGSZEITEN

Palazzo Morando – Costume, Moda, Immagine 6: Via Sant'Andrea 6, T 028 46 59 33, www.costumemodaimmagine.mi.it, Di–So 9–13, 14–17.30 Uhr, Eintritt 5 €

MODE ZUM HALBEN PREIS

Selbst im Goldenen Karree gibt es ein Outlet: **DMagazine Outlet** 3. Dort bekommen Sie reduzierte Mode der vergangenen Saison (Via Manzoni 44, www.dmagazine.it, tgl. 10–19.30 Uhr).

KULINARISCHES FÜR ZWISCHENDRIN

Ganz in der Nähe der Via Monte Napoleone können Sie im historischen **Caffè Cova** 1 eine Pause einlegen und teilhaben am Sehen und Gesehenwerden der feinen Mailänder Damen, für die der Aperitif dort ein Muss ist. Die köstlichen Kuchen und das Gebäck (berühmt ist zu Weihnachten der Panettone) sind – wie könnte es in dieser Gegend anders sein – ein bisschen teurer.

Das **Hotel Armani** hat im 7. Stock eine **Loungebar** 2 mit Blick auf die Dächer Mailands – auch Nicht-Gäste sind willkommen (Via Manzoni 31, www.armani-viamanzoni31.it).

Cityplan: G 4 | **Metro** M1 San Babila, M3 Montenapoleone

Ü ÜBRIGENS

In der **Via Borgospesso Nr. 12,** wo sich heute das renommierte Ristorante Bice befindet, lebte eine einfache Wäscherin namens Giuditta Meregalli. Sie war die Geliebte von Feldmarschall Radetzky, schenkte ihm vier uneheliche Kinder und verwöhnte ihn mit köstlichen Gerichten.

Oftmals verbergen die schlichten Fassaden wunderschöne Innenhöfe, Treppen und Brunnen, die im Gegensatz zur schnell vergänglichen Mode die Zeit überdauern. Es lohnt sich also, den Blick immer wieder von den Schaufenstern loszureißen!

Namedropping in der Via della Spiga

Die Fußgängerstraße **Via della Spiga** 4, wo einst die Bäcker residierten, steht der Via Monte Napoleone in nichts nach. Die Kette bekannter Namen reißt nicht ab: Das sizilianische Designerduo **Dolce & Gabbana** steht für aufwendige, extravagante Mode; **Brunello Cuccinelli** wird für seine schönen Kaschmirkreationen geliebt. Außerdem sind hier vertreten: **Moschino, Prada, Tory Burchs** mit ihrem ethno-angehauchten Uptown Chic Look, **Blumarine** und **Roccobarocco, Gherardini** und **Longchamp** mit Taschen sowie **Gio Moretti** mit einem guten Concept Store, dazwischen **Nilufar** mit ausgewählten Möbeln und Teppichen des 20. Jh.

Modische Rückblende

Schuhe und nochmals Schuhe heißt es in der **Via Sant'Andrea** 5: Jimmy Choo, Church, Stuart Weitzman, Roger Vievier – dazwischen das Museum **Palazzo Morando – Costume, Moda, Immagine** 6. Es dokumentiert die Geschichte Mailands vom Spätbarock bis zum Anfang des 20. Jh. mit Porträts berühmter Mailänder, Stadtansichten u. v. m. Belebend wirken die historischen Kostüme und Uniformen. Seit Jahren träumt man hier von einem richtigen Modemuseum, das den Stil der Stadt vom 18. bis Anfang des 20. Jh. dokumentieren soll.

In die Welt der Mode und Kostüme entführen viele Ausstellungen im Palazzo Morando. Eine widmete sich z. B. Kostümen, die in den Ateliers der Scala entstanden sind.

Armani, Alessi & Co.

Auch in der **Via Manzoni** 7, bereits im 19. Jh. die luxuriöseste Straße Mailands, finden Sie Mode- und Designläden ersten Rangs. Der riesige Palazzo von **Armani** ist ein kühler, stilvoller Multi Concept Store mit Café, dem eleganten, viel besuchten japanischen Restaurant Nobu, der Disco Armani Privé, einer Buchhandlung und einem Hotel. **Gallo** ist ein Geschäft mit Strümpfen für jeden, **Valextra** mit Lederwaren höchster Qualität, Design gibt es bei **Alessi, Flou** und **Sawaya & Moroni.** Hier endet der Rausch der Marken und Mode, der sich aber beliebig fortsetzen ließe.

Kunst als Mobiliar – **Musei Poldi Pezzoli und Bagatti Valsecchi**

#4

Wer hat das alles geputzt? Wie war es, hier zu wohnen? Waren die Bewohner glücklich? Beim Besuch der von oben bis unten mit Gemälden und Skulpturen ausstaffierten ›Museums-Wohnhäuser‹ kommen einem ganz und gar nicht kunstbeflissene Fragen in den Sinn.

Nur wenige Schritte von den Laufstegen der Modemacher entfernt können Sie in zwei prächtigen Palästen des 19. Jh. in Kunst schwelgen: im Palazzo Poldi Pezzoli und im Palazzo Bagatti Valsecchi. Die Besitzer der beiden Häuser haben leidenschaftlich und teils exzentrisch ihre ganz persönlichen ›Schöner-Wohnen-Vorstellungen‹ realisiert. Als Museen zeigen die beiden Palazzi

Nur eine der jungen Damen – allesamt aus der Werkstatt des großartigen Renaissance-Künstlers Piero del Pollaiolo (1443–1496) – ist dauerhaft im Museo Poldi Pezzoli zu sehen. Welche ist es?

Rein gar nichts deutet in der Via Manzoni auf die Pracht hinter der Fassade des Palazzo Poldi Pezzoli hin.

heute selten schöne Schätze in privater Atmosphäre und legen zugleich Zeugnis vom Zeitgeist und Geschmack ihrer Besitzer ab.

Verheiratet mit der Kunst

Das älteste Kunsthaus ist das **Museo Poldi Pezzoli** 1. Der kunstbesessene Sammler Gian Giacomo Poldi Pezzoli, Junggeselle und Mäzen, bestimmte 1871, acht Jahre vor seinem Tod, dass sein Palast samt der erlesenen Sammlung unverändert dem Publikum geöffnet bleiben sollte. Trotz der Bombenschäden von 1943 konnte das Haus seinen Charakter bewahren. Die beachtliche Kollektion ist durch Schenkungen ständig erweitert und nach heutigen Kriterien geordnet worden. So durchstreifen die Besucher verschiedene Perioden der Kunstgeschichte vom 14. bis 19. Jh. Auf Fresken, Gemälde und Skulpturen großer Meister folgen kostbare Möbel, Teppiche, eine faszinierende Uhrensammlung, Porzellan, Glas, Schmuck und

INFOS/ÖFFNUNGSZEITEN

Museo Poldi Pezzoli 1: Via Manzoni 12, T 02 79 63 34, www.museopoldipezzoli.it, Mi–Mo 10–18 Uhr, 10 €
Museo Bagatti Valsecchi 2: Via Santo Spirito 10, Via Gesù 5, T 02 76 00 61 32, www.museobagattivalsecchi.org, Di–So 13–17.45 Uhr, 9 €, Mi 4 €
Tipp: Empfehlenswert ist es, gleich die **Casa Museo Card** zu nehmen. Sie ist ein ganzes Jahr gültig und gewährt Eintritt zu den Palazzi Poldi Pezzoli und Bagatti Valsecchi wie auch zur Villa Necchi (► S. 70), 15 €, erm. 10 € (www.casemuseomilano.it).

STILVOLL SPEISEN

Bereits seit 1939 ist das Restaurant **Boeucc** 1 im ehemaligen Pferdestall des Palazzo Belgioioso am gleichnamigen wunderschönen Platz zu finden. Es kann auf eine mehr als 300-jährige Geschichte zurückblicken und das ist spürbar. In den eleganten Räumlichkeiten zu speisen, ist weit mehr als ›Nahrungsaufnahme‹ (Piazza Belgioioso 2, T 02 76 02 02 24, www.boeucc.it, tgl. 12.40–14.30, 19.40–22.30 Uhr, Sa, So mittags geschl., Menü ca. 60–80 €, traditionelle italienische Küche und eine gute Auswahl an Fischgerichten).

Cityplan: F/G 4 | **Metro** M3 Montenapoleone

Knallrot und opulent dekoriert – das Schlafzimmer im Palazzo Bagatti Valsecchi entspricht definitiv nicht den Empfehlungen der jüngeren Schlafforschung.

Waffen. Sie werden Cranachs berühmtes Porträt von Luther und seiner Frau sicher schon von Weitem erkennen, können zwischen Piero della Francesca, Mantegna, Botticelli, Bellini umherwandern und werden vielleicht entzückt sein vom Damenporträt des Piero del Pollaiuolo, »Bildnis einer jungen Frau im Profil« (▶ Abb. S. 33, rechts) einem frühen Beispiel der Mailänder Eleganz.

Warmwasser hinter Renaissancedekor

Der Palazzo mit dem 1994 eröffneten **Museo Bagatti Valsecchi** 2 gehörte den kunstliebenden Brüdern Giuseppe (1845–1934) und Fausto Bagatti Valsecchi (1843–1914). Sie hatten keineswegs ein Museum im Auge, sondern die Rekonstruktion eines herrschaftlichen Domizils des 16. Jh. – die Kopie eines Renaissancepalastes mit dem Komfort des 19. Jh. So gab es eine Badewanne mit Warm- und Kaltwasser, doch war dieser Luxus hinter Renaissancedekorationen versteckt. Die beiden Brüder ließen den Familiensitz umbauen und vergrößern. Fortan sammelten sie alles, was sie zusammentragen konnten: Möbel, Teppiche, Gemälde, Keramiken und Waffen. Fanden sie nicht, was sie suchten, ließen sie es kurzerhand anfertigen, um ein harmonisches Gesamtkunstwerk zu erschaffen.

Ü
ÜBRIGENS

Luigi Pirandello, Giacomo Puccini, Luchino Visconti und viele andere Berühmtheiten kamen in der **Antica Barbieria Colla** 3 in der Via Morone 3 unters Messer. Denn schon seit 1904 firmiert sie unter dieser Adresse. Die Wände zieren Fotos der berühmten Persönlichkeiten des 20. und 21. Jh., die dem Hausherrn, Signor Bompieri, einen Besuch abstatteten. Der ›Barbier von Milano‹ hat nebenbei übrigens sechs Romane veröffentlicht. Vielleicht dürfen Sie ja einen Blick in den wundervoll altmodischen Laden werfen (T 02 87 43 12, www.anticabarbieriacolla.it, Di–Sa 8.30–12.30, 14.30–9.30 Uhr).

#5

Kultur und Szene – **das Brera-Viertel**

Rund um die Pinacoteca di Brera, die Nationalgalerie mit ihren Schätzen, ist eines der lebendigsten Viertel der Stadt entstanden. Wo sich früher Künstler, Schriftsteller und Bohemiens in den kleinen, engen Gassen trafen, locken heute Geschäfte, Galerien, etliche Lokale und Restaurants. Abends beleben fliegende Händler und Wahrsager die Sträßchen.

Sind Sie neugierig, wie Ihre Mailand-Reise weiter verläuft – oder gar Ihr ganzes Leben? Im Brera-Viertel bauen abends Hand- und Kartenleser Tischchen auf und versprechen einen Blick in die Zukunft.

In der Via Brera hat sich bis heute die nüchtern-aristokratische Eleganz erhalten, die für das Mailand des 18. und 19. Jh. typisch war. Der **Palazzo di Brera** 1, ein ehemaliges Jesuitenkloster, wurde unter Maria Theresia von Giuseppe Piermarini, dem Architekten der Scala, in die **Pinakothek** und die **Kunstakademie** (Accademia di Belle Arti) verwandelt. In seinen Mauern haben berühmte Ma-

ler und Bildhauer gelehrt wie Adolfo Wildt und Achille Funi. Auch berühmte Künstler sind aus der Akademie hervorgegangen, darunter Francesco Hayez, Pellizza da Volpedo und Medardo Rosso.

Kopf hoch für die Kunst. Gelehrt wird sie an der Accademia di Belle Arti bereits seit 1776.

Steiler Aufstieg eines Viertels

Noch bis in die 1970er-Jahre befand man sich in den engen, einstmals von Handwerkern bewohnten Gassen rund um die Via Brera im Bohème-Milieu. Doch dann gestalteten Architekten und Designer die Häuser in luxuriöse Domizile und die Werkstätten in Boutiquen um. Die Immobilienpreise stiegen rasant an, Künstler, Galerien und Handwerker mussten weichen. Aus den ehemals düsteren Sträßchen wurden kopfsteingepflasterte Laufstege mit noblen Boutiquen. Inzwischen haben sich hier Lokale jeglicher Couleur angesiedelt und kaum scheint die Sonne, werden Tische und Stühle auf die verkehrsberuhigten Straßen gestellt. Das Brera-Viertel versprüht einen ganz eigenen Charme, sein Straßenleben erinnert eher an Rom als an Mailand.

Bilder und Sternbilder

Das Nationalmuseum **Pinacoteca di Brera** besitzt eine der größten Sammlungen Alter Meister. Auch nach der Eröffnung 1809 wuchs sie dank privater Stiftungen ständig weiter. Den Grundstock für die exquisite Sammlung bildeten Altarbilder, die Napoleon aus säkularisierten Kirchen und Klöstern nach Mailand bringen ließ. Den Staatsmann feiert im Innenhof Canovas Bronzestatue »Napoleon als friedensstiftender Mars« (1803–1806).

Die Pinakothek bietet einen ausgezeichneten Überblick über die italienische Kunstgeschichte vom 13. bis zum 19. Jh. mit Schwerpunkt auf der lombardischen und der venetianischen Schule. Wer nicht Zeit oder Muße hat, alle Bilder zu betrachten, sollte zumindest ein paar Highlights ansteuern. Hier seien nur einige erwähnt: »Der tote Christus« von Andrea Mantegna (um 1500) verdankt seine erschütternde Ausdruckskraft der Dramatik, die ihm die stark verkürzte Perspektive verleiht: Die Füße des aschgrauen Körpers des Gekreuzigten scheinen im Dämmerlicht aus dem Gemälde herauszuragen. Zu den berühmtesten Gemälden der Renaissance zäh-

Ü
ÜBRIGENS

Mit etwas Glück können Sie den **Restauratoren** in der Pinacoteca vormittags in Saal 18 bei ihrer Arbeit zusehen. Einen Blick hinter die Kulissen eröffnet sich auch in Saal 23 – man schaut in ein Depot.

Ü ÜBRIGENS

Neben der Kirche **San Marco** 2 (13. Jh.) steht das ehemalige **Augustinerkloster,** in dem Martin Luther auf seinem Weg nach Rom weilte. Auch Mozart hat hier bei seiner ersten Italienreise gewohnt. Sehenswert sind im Innern der von Giovanni di Balduccio gefertigte Sarkophag und ein Fresko mit einer Kreuzigung.

len auch Caravaggios bewegendes »Gastmahl zu Emmaus«, Piero della Francescas »Madonna mit Kind und Heiligen und dem Stifter Federico da Montefeltro« und Raffaels »Die Vermählung der Jungfrau Maria«. Wunderbar sind auch die Gemälde Bellinis, darunter eine ergreifende Pietà und die Predigt des hl. Markus in Alexandria, auf der eine wunderliche Giraffe vor der Kirche spaziert. Beachten Sie auch die Bilder von Crivelli, die ›Vergine in trono‹ von Ercole de Roberti, den Saal mit den Venetianern Canaletto und Bellotto, ach und so viele mehr! Sehr geschickt gehängt ist jetzt »La Fiumana« von Pellizza da Volpedo (1895/1896), ein Entwurf zu dem berühmten »Quarto Stato«, der im Museo del 900 hängt. Gehen wir auf die streikenden Massen zu oder sie auf uns?

Alles ist eine Frage der Perspektive. Davon zeugt auch das **Osservatorio Astronomico** in der oberen Etage des Palazzo di Brera. In der schon zur Zeit des Jesuitenstifts gegründeten **Sternwarte** ist eine interessante Sammlung topografischer Instrumente zu sehen.

Der 5000 m² große Orto Botanico hinter der Pinacoteca wurde 1774 unter Maria Theresia angelegt. Die Oase mitten in der Stadt geriet jedoch früh in Vergessenheit und wurde erst Ende der 1990er-Jahre wiedereröffnet. Hohe Bäume, u. a. zwei über 200 Jahre alte Ginkgos, die zu den ältesten in Europa zählen, verleihen ihm einen parkähnlichen Charakter. Während der Möbelmesse gesellt sich zu den natürlichen Bäumen unter Umständen mal ein Kunstbaum.

Hotspots des Künstlerviertels

Über den Himmel kann man stundenlang reden und über die Kunst sowieso – am besten an schönen Orten. Rund um die Via Fiori Chiari gibt es zahlreiche Restaurants und Lokale. Berühmt ist die **Jamaica Bar** 1, die in den 1920er-Jahren Treffpunkt für Künstler und Intellektuelle war. Sie hat allerdings viel von ihrem Charme verloren, auch wenn die Einrichtung, die alten Kacheln und die Veranda überlebt haben. Eine bessere Wahl ist das Restaurant **Carminio** 1, wo Sie an kleinen Marmortischen einfache Gerichte mit

UM DIE ECKE

Im Brera-Viertel können Sie ein Kleinod für sich entdecken: Die auf frühchristlichen Resten aus dem 4. Jh. erbaute romanische **Basilica di San Simpliciano** 3. Sie besitzt eine »Krönung der Jungfrau Maria« von dem zu wenig beachteten großen lombardischen Maler Bergognone (um 1515). Das Schönste an dieser Anlage sind die beiden Kreuzgänge aus dem 15./16. Jh. Sie gehören zum ehemaligen Kloster, das heute Sitz der internationalen theologischen Fakultät ist.

Cityplan: F 3/4 | **Metro** M2 Lanza, M3 Montenapoleone **Bus** 61

INFOS/ÖFFNUNGSZEITEN

Palazzo/Pinacoteca di Brera 1: Via Brera 28, T 02 72 26 32 64, www.brera.beniculturali.it, Di–So 8.30–19.15, Kassenschließung 18.30 Uhr, 10 €, die Eintrittsgebühr für Ausstellungen variiert, Audioguide (auch auf Deutsch), Leihgebühr 5 €
Museo/Osservatorio Astronomico: Via Brera 28, T 02 50 31 46 80, www.brera.unimi.it, Mo–Fr 9–16.30 Uhr, So nur nach Voranmeldung, Eintritt frei, Audioguide verfügbar
Orto Botanico di Brera: Zugang über Via Brera 28, T 02 503 14 60, www.brera.unimi.it, Mo–Fr 9–12, 15–17 Uhr, Eintritt frei
Carminio 1: Via del Carmine 3, T 027 20 20 90 92, www.carminiocucina.com, Mo–Fr mittags und abends, So geschl.
Jamaica Bar 1: Via Brera 32, T 02 87 67 23, www.jamaicabar.it, Mo–Sa 9–2 Uhr
N'Ombra de Vin 2: Via San Marco 2, www.nombradevin.it, Mo–Sa 9–24 Uhr

SCHÖNER ANTIQUITÄTENMARKT

Jeden dritten Sonntag im Monat (außer Aug.) findet in den Straßen zwischen Via Fiori Chiari, Via Formentini und Via Madonnina der **Mercatino d'antiquariato di Brera** statt.

viel Gemüse genießen können, das von Bauernhöfen aus der Mailänder Umgebung kommt. Im **N'Ombra de Vin 2**, einer historischen Enothek im ehemaligen Refektorium des Augustinerklosters bei der Kirche San Marco (► S. 38), können Sie zu gutem Wein gute Musik hören. Junge Banker und Models nippen hier gern an ihren Gläsern.

#6

Symbolorte, Kunstorte – **Castello Sforzesco und Piccolo Teatro**

Obwohl es immer von Touristen aus aller Herren Länder wimmelt, ist die wuchtige Sforzaburg mit ihren vielen Museen absolut einen Besuch wert, vor allem natürlich Michelangelos letztes Werk. Auch die Skulpturensammlung ist keineswegs nur was für Kunsthistoriker. Weniger Trubel erwartet Sie am Piccolo Teatro, das selbst von den Dramen des Lebens gestreift wurde.

Hunderte von Mailändern, darunter zahlreiche Politiker, Künstler und Professoren, nahmen im Februar 2016 im Castello Abschied von dem berühmten Schriftsteller Umberto Eco. Die nichtkirchliche Trauerfeier wurde vom Fernsehsender RAI übertragen.

Wenngleich grandios in ihrer Wirkung, ganz so echt und so alt, wie die mächtige Festung und Residenz aus rotem Backstein aussieht, ist sie nicht. Zwar wurde das nach der Familie Sforza benannte **Castello Sforzesco** 1, eine zinnenbekrönte, mit gigantischen Rundtürmen bewehr-

te und von einem Wassergraben umschlossene Festungsanlage, im 14. Jh. als Burg der Visconti erbaut, doch wurde es später zerstört, wiedererrichtet, erweitert und Anfang des 20. Jh. renoviert. Seine Blütezeit erlebte es unter dem Prunk liebenden Herzog Ludovico il Moro. Dieser berief 1482 Leonardo da Vinci an seinen Hof und beauftragte ihn zunächst hauptsächlich mit der Ausrichtung von prachtvollen Festen.

Torre del Filarete

Dekoration aus Leonardos Hand

Während diverser Fremdherrschaften wurde die Schlossanlage als Kaserne und Truppenübungsplatz benutzt. Erst 1893 ging sie in den Stadtbesitz über. Bei der Restaurierung des fast völlig zerstörten Kastells kam die Ausmalung der **Sala delle Asse** im Erdgeschoss des nördlichen Eckturms wieder zum Vorschein. Es handelt sich um die einzige in Mailand dokumentierte Dekoration aus der Hand Leonardos. Eine Urkunde von 1498 besagt: »Meister Leonardo hat versprochen, sie [die Dekoration] bis Ende September fertigzustellen.« Dargestellt sind 16 Bäume, die sich wie eine Pergola zu einem Laubdach verzweigen – in der Mitte von einem Wappen geschmückt. In das dichte Blattwerk ist ein Seil in Form ornamentaler Knoten verwoben, ein Motiv, das Leonardo auch zeichnerisch immer wieder beschäftigt hat.

Michelangelos ›Unvollendete‹

Seit Beginn des 20. Jh. ist das Castello eine Museen-Zitadelle. Durch das Haupttor, die **Torre del Filarete,** betritt man den weiten Waffenplatz, wo im Sommer Aufführungen und Konzerte stattfinden. Auf der linken Seite im jüngst restaurierten antiken **Ospedale Spagnolo** (Spanisches Hospital), einem großen, mit Fresken dekorierten Raum, befindet sich seit Mai 2015 der größte Schatz des Castello Sforzesco: das letzte Werk von Michelangelo, die **Pietà Rondanini.** Der fast 90-jährige Künstler arbeitete 1564 bis vier Tage vor seinem Tod an dieser Plastik – er hinterließ sie unvollendet.

›Kunst-voll‹ – die Wohngemächer

Dahinter liegen die Höfe **Cortile della Rocchetta** und **Corte Ducale,** die als Zufluchtsort be-

Ü ÜBRIGENS

Erst 1952 kam die von **Michelangelo** für sein eigenes Grabmal bestimmte **Pietà Rondanini** nach Mailand. Im reifen Alter nahm er die 15 Jahre zuvor begonnene Arbeit an dem Werk wieder auf, das so bewegend ist. Die fragmentarischen, stehenden, sich gegenseitig stützenden Figuren mit nur angedeuteten Gesichtern drücken eine unfassbare Trauer und unendliche Zärtlichkeit aus.

Ü ÜBRIGENS

Schade, dass die riesige **Collezione Bertarelli** nur von wenigen besucht wird. Unter den Drucken dort befinden sich Kostbarkeiten u. a. von Dürer, Rembrandt und Goya sowie Kalender, Werbung und Speisekarten des 20. Jh.

festigte herrschaftliche Residenz zur Zeit der Sforza. Hier, im ehemaligen Wohntrakt, sind die **Biblioteca Trivulziana** mit kostbaren Manuskripten, Inkunabeln und einer Handschrift von Leonardo da Vinci sowie zahlreiche interessante Kunstsammlungen untergebracht: Gemälde vom 14. bis zum 17. Jh., darunter ein großer, der lombardischen Renaissance gewidmeter Saal, eine reiche Sammlung von Musikinstrumenten, Möbel vom 15. bis zum 20. Jh., Waffen, Drucke, Keramik.

Doch damit nicht genug: Es gibt auch griechische, römische, langobardische und karolingische Münzen und Medaillen sowie eine prähistorische und eine ägyptische Abteilung. Besonders schön ist die Sammlung von vorwiegend lombardischen

INFOS/ÖFFNUNGSZEITEN

Castello Sforzesco 1: Piazza Castello 3, T 02 88 46 37 03, www.milanocastello.it, tgl. 7–18, im Sommer bis 20 Uhr

Museen im Castello: T 02 88 46 37 03, www.milanocastello.it, Di–So 9–17.30 Uhr (letzter Einlass 17 Uhr), 25. Dez., 1. Jan., 1. Mai und Ostermontag geschl., 5 €, Di ab 14 Uhr und Mi–am So ist in der letzten Stunde der Eintritt frei; 3 Tage gültiges **Sammelticket** für Castello, Museo Archeologico, Museo di Storia Naturale und Museo del Risorgimento 12 €; www.adartem.it und www.operadartemilano.it bieten Sa u. So **Führungen** an (nur nach Vorbestellung).

Piccolo Teatro di Milano 2: Teatro Strehler, Via Rivoli 6, Teatro Grassi, Via Rovello 2, Kartentel. 848 80 03 04 Mo–Sa 9.45–18.45, So 10–17 Uhr, aus dem Ausland T 0039 02 42 41 18 89, www.piccoloteatro.org. Breit gefächertes Programm von klassischen bis zu zeitgenössischen Stücken, inszeniert von Regisseuren aus dem In- und Ausland.

EINE PAUSE ZWISCHENDURCH

Im **Caffè Letterario** 1 können Sie dem Trubel der Via Dante mit ihren Geschäften und Straßencafés entfliehen (im Piccolo Teatro, Via Rovello 2, T 02 72 33 35 05, www.sotisevents.com, tgl. 10–23 Uhr, Mittagsgerichte 12/20 €, ab 18 Uhr Aperitif mit reichem Buffet 14 €).

Cityplan: E 4 | **Metro** M1 Cairoli, Cordusio

Skulpturen aus Romanik, Gotik und Renaissance. Gleich am Anfang steht das imposante Grabmal von Bernabò Visconti.

Ein ›kleines Theater‹ kommt groß raus

Von der Piazza Castello führt die von Läden und Cafés gesäumte Fußgängerzone **Via Dante** Richtung Dom. In der Via Rovello/Ecke Via Dante liegt der schön renovierte **Palazzo Carmagnola** 2 mit einem von Glaswänden umgebenen Innenhof. Unter dessen Arkaden befindet sich das **Caffè Letterario,** wo Sie unter Umständen auf Schauspieler und Regisseure treffen. Denn der Palazzo ist Sitz des 2009 wiedereröffneten alten **Piccolo Teatro.** Das 1947 von Giorgio Strehler und Paolo Grassi in einem ehemaligen Kino als erstes Stadttheater Italiens gegründete Piccolo wurde dank Strehlers Regie nicht nur das wichtigste Theater Italiens, sondern darüber hinaus in der gesamten Theaterwelt berühmt.

Heute hat das Piccolo Teatro drei Spielstätten: Das Urtheater im Palazzo Carmagnola heißt jetzt **Teatro Grassi.** Nicht weit von hier – auf der östlichen Seite des Castello Sforzesco – sind die anderen beiden Sitze, das 1998 eröffnete große **Teatro Strehler** 3 (auch Teatro d'Europa) sowie das ehemalige Operettenhaus **Teatro Studio Melato** 4, in dem sich die Schauspielschule und die experimentellen Bühnen befinden.

Es vergeht keine Saison ohne eine Aufführung des 1947 zum ersten Mal von Strehler inszenierten »Arlecchino servitore di due padroni« (»Diener zweier Herren«) von Goldoni – seit 1960 mit dem heute 86-jährigen Ferruccio Soleri in der Hauptrolle.

T TRAGISCH

Jahrelang hatte sich Strehler für einen Theaterneubau eingesetzt – gegen politische und bürokratische Widerstände. Die Eröffnung 1998 erlebte er jedoch nicht mehr: Wenige Tage zuvor ereilte ihn der Tod. Seine letzte Regiearbeit »Cosi fan tutte« blieb unvollendet. Das von Marco Zanuso gebaute Theater ist heute das pulsierende Herz des Piccolo.

\# 7

Mailands grüne Lunge – der Parco Sempione

Am Rand des über 40 ha großen Stadtparks zwischen Castello Sforzesco und Arco della Pace stehen repräsentative Bauten wie die Arena und die Triennale. Auf dem Grün dazwischen tummeln sich Jung und Alt – mit und ohne Hund. Sie haben freie Sitzplatzwahl: Wiese, Parkbank – oder das Just Cavalli Café bei der Torre Branca, wo Sie auf Mailands Schickeria treffen.

Mit dem Friedenstor vor Augen und der Burg im Rücken lässt sich gut Sport treiben. Nicht nur joggen – es gibt auch ein Basketball- und ein Volleyballfeld und einen Fitnessparcours. Street-Workout-Fans trainieren ebenfalls gern im Park.

Der gegen Ende des 19. Jh. nach englischem Vorbild angelegte Parco Sempione (Mo–Sa 6.30–20 Uhr) mit seinen breiten Wegen, großen Wiesen, Kinderspielplätzen und Teichen ist der größte und beliebteste Park im von Smog geplagten Mailand. An Sonnentagen sitzen hier nicht nur die Alten gemütlich schwatzend auf den Bänken. Mütter schieben Kinderwagen über die Wege

oder ruhen sich auf dem Grün aus, während die ›großen Kleinen‹ auf dem Spielplatz toben. Hunde genießen in den eigens für sie eingezäunten Arealen ihre Freiheit, Jogger hasten vorbei. Schüler und Studenten treffen sich an der Bibliothek im Park.

Im Schatten unter hohen Bäumen stehen seit den 1970er-Jahren im Park verteilt auch etliche Kunstwerke wie das die **Accumulazione musicale e seduta** 1, ein Amphitheater aus Eisen und Zement des französischen Künstlers Arman, das **Teatro Continuo** 2 von Albero Burri sowie die **Bagni misteriosi** 3 des Surrealisten Giorgio de Chirico, ein Brunnen, der kein Wasser führt.

Triumph des Friedens

Der Name Parco Sempione geht zurück auf die Lage des Stadtparks auf der Achse zwischen Dom, Arco della Pace und dem Simplontunnel – ein faszinierendes, perspektivisches Spiel zwischen dem Castello Sforzesco und dem **Arco della Pace** 4. Dieser Torbogen wurde 1807 zu Ehren Napoleons begonnen. Doch die verlorene Schlacht von Waterloo machte Bonaparte einen Strich durch die Rechnung: So wurde aus dem Triumphbogen kurzerhand ein Friedensbogen. Die neuen Machthaber aus dem Habsburger Kaiserhaus weihten das unter ihrer Herrschaft vollendete Tor 1838 ein.

Historische Allzweckbauten

Die Anfang des 19. Jh. erbaute **Arena** 5 mit ihren 30 000 Sitzplätzen diente einst für Spiele jeder Art: geflutet für Feste auf dem Wasser mit venezianischen Gondeln oder für große Schiffsschlachten, trockengelegt für Ritterturniere und Wagenrennen. Heute finden hier u. a. Sport- und Musikveranstaltungen statt.

Auf der gegenüberliegenden Seite des Parks steht der von Giovanni Muzio bereits 1933 als polyfunktionales Gebäude konzipierte und von Michele de Lucchi umgestaltete **Palazzo dell'Arte** 6 (auch Palazzo della Triennale). Er ist Sitz der **Triennale,** einer ursprünglich alle drei Jahre stattfindenden Schau, die 2016 mit dem Titel »Design after Design« als 21. Triennale nach jahrelanger Pause erneut stattfand. Heute gibt es hier ständige Ausstellungen: Studien zu Architektur, Design, Urbanistik, Ausstattungskunst, audiovisueller Kommunikation und Mode.

Der bei Künstlern und Liebespaaren beliebte Ponte delle Sirenette erregte nach seinem Bau 1842 einiges Aufsehen. Nicht nur, weil er die erste Metallbrücke Italiens war, sondern auch wegen der halbnackten Meerjungfrauen, die ihn zieren. Als der Kanal, über den die Brücke führte, 1930 zugeschüttet wurde, verpflanzte man sie in den Parco Sempione. Der Mailänder Volksmund behauptet, dass Paare, die sich hier küssen, vor dem Fremdgehen gefeit sind.

Arco della Pace

Designmuseum: Die Grenze zwischen Produktdesign und Kunst ist fließend.

2007 wurde das lang ersehnte **Triennale Design Museum** eingeweiht. Das Konzept des dynamischen Museums sieht vor, dass die Exponate jährlich unter ein neues Motto gestellt und ausgetauscht werden.

Ü ÜBRIGENS

Vom Restaurant **Terrazza Triennale** in einem Glashaus auf dem Dach des Palazzo dell'Arte haben Sie einen wunderbaren Blick auf das Castello und Mailands Skyline. Im Palazzo befindet sich auch das **Old Fashion Café** 1, eine Bar mit Restaurant und Disco, in der Nightlifegeschichte geschrieben wurde und wird (► S. 109).

Rundblick genießen – aber zackzack

Bei gutem Wetter können sechs bis sieben Personen mit dem Aufzug auf den 1932 von Gio Ponti und anderen Architekten errichteten, fast 100 m hohen **Torre Branca** 7 fahren und etwa fünf Minuten lang die Stadt von oben betrachten – trotz der Kürze der Zeit sehr lohnenswert. Zu Füßen der Torre Branca befindet sich das **Just**

UM DIE ECKE

Wenige Schritte von der Triennale entfernt können Sie das **Studio Castiglioni** 8 besuchen. Es sieht noch genauso aus, wie der Industriedesigner Achille Castiglioni es bei seinem Tod 2002 hinterlassen hat: unglaublich lebendig und faszinierend, voller Bücher, kleiner Modelle, Möbel, Gegenstände, die er gezeichnet oder gesammelt hat. Man wird geführt, hört die Geschichte einzelner Stücke. Erheitert und mit dem Plan, bald wieder zu kommen, um neue Details zu entdecken, verlässt man das heute zu einer Stiftung gehörende Studio.

INFOS/ÖFFNUNGSZEITEN

Parco Sempione: Mo–Sa 6.30–20 Uhr
Triennale: www.triennale.it, Di–So 10.30–20.30, Do, Fr bis 23 Uhr
Triennale Design Museum 6: Viale Alemagna 6, T 02 72 43 41, www.triennale.org, Di, Mi, Sa–So 10.30–20.30 Uhr, Do 10.30–23 Uhr, Museum 8 €, Ausstellungen zwischen 6 und 8 €
Torre Branca 7: T 023 31 41 20, die Öffnungszeiten je nach Jahreszeit, am besten unter www.turismo.milano.it nachschauen, bei schlechtem Wetter ist der Turm geschlossen, 5 €
Studio Castiglioni 8: Piazza Castello 27, T 02 80 53 606, www.achillecastiglioni.it, Führungen nur nach Voranmeldung, Eintritt 10 €
Acquario 9: Viale Gadio 2, T 02 88 46 57 50, www.acquariocivicomilano.eu, Di–So 9–13, 14–17.30 Uhr, Eintritt 5 €

PAUSE IM GRÜNEN

Die **Bar Bianco** 1 liegt mitten im Parco Sempione (Via Ibsen 4, T 02 86 99 20 26, www.bar-bianco.com, Mai–Sept. So–Do 10–1, Fr, Sa 10–2 Uhr; die angegebenen Zeiten sind nicht verbindlich). Beliebt ist ihre Terrasse mit Blick auf den Park. Im Sommer gibt's hier DJ-Sessions und täglich Cocktails (18–20 Uhr, mit Buffet 10 €), im Winter bei gutem Wetter mittags *panini.* Auch Restaurantbetrieb (Gericht ab 10–15 €.)

IT'S LOUNGE TIME

Am Arco della Pace und am Anfang des Corso Sempione stehen heute Tische und Stühle unter Schatten spendenden Bäumen, wo einst Autos fuhren. Hier locken diverse schicke und trendige Lokale, so z. B. das **Living** 2 mit Blick auf den Arco della Pace. Im ehemaligen Postamt sitzt man auf bequemen Sesseln bei Chillout- und Lounge-Jazz-Musik. Es gibt über 100 verschiedene Wodkas, eine gute Auswahl an Weinen und zum Aperitif ein ansprechendes und reichhaltiges Buffet (Piazza Sempione 2, T 02 33 10 08 24, www.livingmilano.com, tgl. 8–2 Uhr).

Cityplan: D/E 3/4 | **Metro** M1 Cadorna, Cairoli, M2 Cadorna

Cavalli Milano 2, die Glamour-Restaurant- und Clubadresse von Modeschöpfer Roberto Cavalli.

Reise durch's Wasser im Trockenen

Der Park hat früher großen Kundgebungen gedient und auch die Weltausstellung von 1906 fand hier statt. Aus dieser Zeit stammt das schöne Jugendstilgebäude, das **Acquario e Civica Stazione Idrobiolica** 9, das heute eines der ältesten Aquarien der Welt beherbergt. 25 Bassins nehmen den Besucher mit auf die Reise von der Quelle bis zum Meer.

8

Leonardo pur – »Abendmahl« und Museo della Scienza

Haben Sie es auch schon tausendmal gesehen – als Kopie, als Karikatur, womöglich aufgedruckt auf eine Kaffeetasse? Und dennoch: Leonardos »Abendmahl« im Refektorium von Santa Maria delle Grazie mit eigenen Augen zu betrachten, wird Sie nicht unberührt lassen. Der Besuch des Da-Vinci-Museums vertieft das Erlebnis noch.

Hätte Leonardo eine »Abendmahl«-Postkarte verschickt, wäre sie in Spiegelschrift verfasst gewesen. Ob er diese verwendete, weil er Linkshänder war oder aus Gründen der Geheimhaltung, ist nicht überliefert.

Tatsächlich gibt es Besucher, die einzig nach Mailand kommen, um Da Vincis »Abendmahl« aufzusuchen. Auch wenn Sie vielleicht nicht zu dieser Kategorie von Reisenden gehören, ist es wichtig für Sie zu wissen, dass eine Ticketreservierung oft lange im Voraus erfolgen sollte. Das unersetzliche Werk ist nämlich stark gefährdet

und so dürfen nur je 25 ›entsmogte‹ und entstaubte Gäste für jeweils 15 Minuten die ergreifende »Ultima Cena« betrachten.

Karriere auch ohne Latein

1452 als außerehelicher Sohn eines Notars im toskanischen Vinci geboren, besuchte Leonardo 17-jährig die Florentiner Werkstatt von Andrea del Verrocchio, um Malerei und Bildhauerei zu studieren. Aber da der junge Lehrling des Lateinischen nicht mächtig war, fühlte er sich unter den ›hochmütigen‹ Humanisten nicht wohl und bewarb sich schließlich bei den Sforzas in Mailand um eine Stellung: Dort arbeitete er als Festungsbaumeister, Hydrauliker, Architekt und ganz zuletzt auch als Künstler. Unter der Herrschaft der Sforza erlebte die Kultur der Renaissance in Mailand ihre Blüte und Leonardo wurde zum führenden Künstler am Hof.

So lebendig wie eine Filmszene

Das »Cenacolo Vinciano«, das Leonardo 1495–1498 an die Nordwand im **Refektorium des Klosters von Santa Maria delle Grazie** 1 malte, ist eines der berühmtesten Wandgemälde der Welt. Das Abendmahl war von jeher Thema christlicher Malerei. Neu bei Leonardo ist die Dramatik, die sich aus dem gewählten Moment entwickelt, in dem Jesus sagt: »Einer ist unter Euch, der mich verrät.« Die Bewegtheit und Lebendigkeit der jeweils zu dritt gruppierten Apostel steht im Kontrast zu der Ruhe, die Christus ausstrahlt.

Kaputtrestauriert und beinahe zerstört

Statt der üblichen Freskotechnik verwendete Leonardo Temperafarben auf einer Gipsgrundierung, da diese ihm eine langsamere Arbeitsweise und Korrekturen erlaubten. Doch da Temperafarben äußerst feuchtigkeitsempfindlich sind, bezeugt schon 1517 ein Bericht den Verfall des Bildes und bereits in den 20er-Jahren des 16. Jh. war es von einem weißen Schleier überzogen. 1568 schrieb Giorgio Vasari, der erste Künstlerbiograf und selbst auch Maler, das Bild sei verdorben und man sehe nur noch unbestimmbare Flecken.

1726 begannen die ersten Restaurierungsarbeiten. Zwar wurden Staub und Kerzenruß entfernt, doch richteten die Arbeiten darüber hinaus

T TICKETS

Ticketbuchung verpasst? Mit viel Glück können Sie früh am Morgen noch eine Karte für das »Abendmahl« ergattern – sofern jemand abgesagt hat oder nicht am Refektorium erschienen ist. Für Sehbehinderte gibt es eine Kunstharzkopie des Werkes (nur mit Reservierung, Gebühr 1,50 €, Eintritt frei).

Die Apostel Bartholomäus, Jakobus und Andreas (»Abendmahl«, Detailansicht)

Ü ÜBRIGENS

Man beachte auch die bewegende **»Kreuzigung«** des **Giovanni Donato da Montorfano** auf der dem »Abendmahl« gegenüberliegenden Wand. Auf dieses gut erhaltene Fresko malte Leonardo die Porträts von Ludovico Sforza (rechts kniend) und Beatrice d'Este (links).

▶ **FILMTIPP**

Vielfältige Einblicke in das Leben und Schaffen von Leonardo da Vinci ermöglicht der von Arte produzierte Dokumentarfilm **»Ich, Leonardo da Vinci«** (Regie: Julian Jones, Nick Dear; auch auf Youtube zu finden).

eher Schaden an, sodass viel von den Originalfarben verloren ging. Am 18. August 1943 zerstörte ein Bombenhagel der Alliierten das Kloster. Wie durch ein Wunder blieben die Wand mit dem »Abendmahl« und die gegenüberliegende »Kreuzigung« auf den mit Sandsäcken bedeckten Stirnwänden erhalten, obwohl die Seitenwände einstürzten. Bei der nun folgenden, äußerst aufwendigen und kostspieligen Reinigung (1978–1999) konnten alle noch von Leonardo erhaltenen Farbreste gerettet werden.

Santa Maria delle Grazie

Mailands schönste Renaissancekirche

Bei aller Leonardo-Begeisterung sollte man nicht versäumen, die zum Dominikanerkloster gehörende Renaissancekirche **Santa Maria delle Grazie** 2 zu besuchen – sie ist absolut sehenswert. Von Guiniforte Solari ursprünglich gotisch konzipiert, wurde sie durch die 16-eckige Bramante-Kuppel und das prächtige Portal zu einem der bedeutendsten Renaissancebauten Mailands. Einen besonderen Blick auf die Kuppel hat man vom

INFOS/ÖFFNUNGSZEITEN

Museo del Cenacolo Vinciano/ Refektorium Santa Maria delle Grazie 1: Piazza Santa Maria delle Grazie 2, T 02 92 80 03 60, www.cenacolovinciano.net (Vorbestellung obligatorisch, für Wochenenden Monate im Voraus!), Di–So 8.15–18.45 Uhr, 6,50 € plus 1,50 € Reservierungsgebühr; Führungen auf Englisch 9.30, 15.30 Uhr, auf Italienisch 10, 16 Uhr; Eintritt mit Führung 10 € plus 1,50 €

Chiesa Santa Maria delle Grazie 2: http://legraziemilano.it, tgl. 7–12, 15–19 Uhr

Museo Nazionale della Scienza e della Tecnologia ›Leonardo da Vinci‹ 3: Via San Vittore 21, T 02 48 55 51, www.museoscienza.org, Di–Fr 9.30–17, Sa, So, Fei 9.30–18.30 Uhr (die Kasse schließt jeweils 30 Min. vor Ende der Besuchszeit), 10 €

Cityplan: D 4/5 | **Metro** M1, M2 Cadorna

kleinen, wunderschönen Kreuzgang, in dem vier Bronzefrösche in einen Brunnen speien.

Ein Visionär, der die Natur studierte

Dem Universalgenie der Renaissance ist auch das **Museo Nazionale della Scienza e della Tecnologia ›Leonardo da Vinci‹** 3 gewidmet. Kern des Museums mit seinen über 10 000 Objekten ist die über 100 m lange Leonardo-Galerie im ersten Stock des ehemaligen Klostergebäudes. Hier sind Modelle ausgestellt, die man nach den Zeichnungen des Künstlers gefertigt hat. Viele der Projekte waren der damaligen Zeit weit voraus. In ihnen wird deutlich, dass Leonardos Ausbildung nicht nur auf das Künstlerische beschränkt war, sondern auch auf dem Studium der Natur, auf Beobachtung und Experimenten basierte. Seine Schriften bezeugen seine Genialität. Ganze Seiten voller lateinischer Vokabeln und Begriffe stehen da neben Notizen, die sein Interesse für alle nur denkbaren Wissensgebiete belegen. Außerdem sind hier historische Sammlungen zu sehen und alles, was Wissenschaft und Technik vom 15. Jh. bis heute hervorgebracht haben.

In dem ehemaligen Klostergebäude ist auch das **Museo Navale Didattico** mit echten Schiffsteilen und Schiffsmodellen untergebracht. Man kann das riesige U-Boot ›Toti‹ (Ende der 1960er-Jahre) von innen besichtigen.

Ü ÜBRIGENS

Den Eingang der Galopprennbahn in San Siro ziert **das größte Pferdestandbild der Welt** (7 m hoch). Das beeindruckende Bronzepferd wurde nach einer Skizze von Leonardo gefertigt. Immer wieder werden neue Standorte erwogen und diskutiert, doch noch steht das Riesenpferd an diesem Ort.

UM DIE ECKE

In der Via Zenale 3 zeigt die **Gallery Lisson** 4, eine kleine exklusive Galerie, Ausstellungen zeitgenössischer Kunst. Schräg gegenüber von Santa Maria delle Grazie steht der **Palazzo delle Stelline** 5 (www.stelline.it), ein ehemaliges, um drei große Kreuzgänge gebautes Kloster aus dem 16. Jh. Heute ist es ein Kongresszentrum mit Kunstgalerie, zwei Restaurants und einem schönen Hotel (Hotel Palazzo delle Stelline, Corso Magenta 61, T 024 81 84 31, www.hotelpalazzostelline.it).

Bei der **Casa degli Atellani** hatte Leonardo seinen Weingarten: **La Vigna di Leonardo** 6 (Corso Magenta 65, T 02 481 61 50, www.vignadileonardo.com, tgl. 9–18 Uhr, Touren alle 30 Min., Sa, So alle 15 Min., 10 €).

Casa degli Atellani – mittwochs und samstags um 17.45 Uhr wird in ›Leonardos Weingarten‹ der ›aperitivo‹ zelebriert.

9

Wo der geliebte Heilige ruht – **Sant'Ambrogio**

Selbst wenn Sie Stunden in Sant'Ambrogio verbringen würden, könnten Sie noch neue Details entdecken. Nicht umsonst gilt das Gotteshaus als ›Königin der romanischen Kirchen der Lombardei‹. Das gleichnamige Viertel, in dem viele Adelsfamilien wohnen, wird durch die Studierenden der Università Cattolica belebt.

Der Weihnachtsmarkt »Oh bej! Oh bej!«, der das Fest zu Ehren des Stadtpatrons Sant'Ambrogio (7. Dezember) begleitet, fand früher vor der ihm geweihten Kirche statt. Inzwischen werden die Stände alljährlich am Castello Sforzesco aufgebaut.

Natürlich sind die Mailänder katholisch, wie der Großteil der italienischen Bevölkerung. Oder besser: Sie sind ambrosianisch, d. h. sie bekennen sich noch heute zur ambrosianischen Liturgie, die der Mailänder Stadtpatron, der hl. Ambrosius, im 4. Jh. eingeführt hat. Ambrosius, Sohn eines römischen Hauptmanns aus Trier, kam einst als Heide ins römische Mediolanum (das heutige Mailand) und wurde, kaum getauft, dank seines diploma-

KULINARISCHES FÜR ZWISCHENDRIN

Eine der besten Eisdielen der Stadt finden Sie in der Via de Amicis: **La Pasqualina** 1 (Nr. 44, T 02 25 06 09 97, www.lapasqualina.it, tgl. 12–23, Fr, Sa bis 24 Uhr). Gemütlich ist die Bar **Magenta** 1 (Via Carducci 13, Di–So 7–3 Uhr). Mittags können Sie hier etwas essen. Zum Aperitif wird's meist voll.

BÜCHER UND MUSIK

In der Via Terraggio entdeckt sicher jeder etwas Interessantes: Bücher, u. a. auf Englisch, gibt's in der gut sortierten Secondhand-Buchhandlung **Libet** 1 (Nr. 21, www.libet.org), Literatur zu Theater, Kino, Musik, Tanz in der **Libreria dello Spettacolo** 2 (Nr. 11, www.libreriadellospettacolo.it), Musik-CDs bei **Buscemi Dischi** 3 (Corso Magenta 31, Eingang Via Terraggio, www.buscemidischi.it).

Cityplan: D/E 5 | **Metro** M2 Sant'Ambrogio

tischen und politischen Geschicks zum Bischof ernannt. Sein Namenstag, der 7. Dezember, ist in Mailand ein wichtiger kirchlicher Feiertag.

Stadtpatron im Schneewittchensarg

Aber nun zur Kirche: Für die Mailänder ist **Sant'Ambrogio** 1, fast mehr noch als der Dom, das Zentrum ihres Glaubens. Hier ruht der hochverehrte Stadtpatron – im ›Nebenberuf‹ ist er Schutzpatron der Bienen und Imker – in einem gläsernen Sarg in der Krypta zwischen den Märtyrern Gervasio und Protasio.

Vom Bienenheiligen gegründet

Sant'Ambrogio, am inneren Stadtring gelegen, gehört zu den drei noch existierenden, am Ende des 4. Jh. vom hl. Ambrosius höchstpersönlich gegründeten Kirchen. Vier große Basiliken bildeten ein Kreuz und sollten an das Kreuz Christi erinnern.

Während die oft zerstörten, um- und wieder aufgebauten Kirchen San Simpliciano und San Nazaro heute sowohl architektonisch als auch kunsthistorisch nicht so interessant sind, ist die im 11./12. Jh. neu errichtete Basilika Sant'Ambrogio eines der schönsten und besterhaltenen Beispiele der Frühromanik in Italien.

L LEGENDEN

Die beiden Löcher der sagenumwobenen römischen Säule neben der Kirche stammen von den Hörnern des wütenden Teufels, den der **hl. Ambrosius** vertrieb. Angeblich riechen sie noch nach Schwefel. Oft wird der Heilige mit einem Bienenkorb abgebildet. Dass er als Schutzpatron der Bienen und Imker gilt, geht auf eine Legende zurück. Sie erzählt, ein Bienenschwarm habe sich, als Ambrosius ein Baby war, auf seinem Mund niedergelassen, ihn aber nicht gestochen, sondern mit Honig genährt. Das wurde als Zeichen Gottes für eine große Zukunft des Kindes gedeutet.

Am Aschermittwoch, wenn anderswo der letzte Tusch verklungen ist, stürzt Mailand sich in den Carnevale Ambrosiano. Der Grund: Sant'Ambrogio kehrte einmal erst nach Fastenzeitbeginn von einer Pilgerreise zurück. Die Mailänder hatten derweil munter weiter Karneval gefeiert.

Ü ÜBRIGENS

In Sant'Ambrogio finden viele Mailänder **Trauungen** statt, denn ein Aberglaube verheißt den hier getrauten Paaren den Schutz des Stadtpatrons gegen Ehekrisen.

Christus Pantokrator in der Apsis. Schauen Sie sich weiter unten auch die Darstellung des Wunders der Bilokation an: Sie zeigt Sant'Ambrogio, der in Mailand die Messe liest und zur selben Zeit der Totenfeier für den Hl. Martin von Tours beiwohnt.

Kunst-Stücke aus vielen Jahrhunderten

Am besten betreten Sie die Kirche vom wunderbaren Atrium aus, denn so sind Sie schon auf die feierliche Atmosphäre eingestimmt, die Sie im dreischiffigen, mit vielen Kunstschätzen bereicherten Innern erwartet. Hier seien nur einige erwähnt: Im Chor tragen vier antike Porphyrsäulen das **Ziborium** aus dem 10. Jh., das vergoldete byzantinische Stuckreliefs schmücken. Der goldene **Altar** von Meister Volvinius ist ein bedeutendes Goldschmiedewerk aus dem 9. Jh. mit Szenen aus dem Leben Christi und des hl. Ambrosius.

Auch die **Mosaiken** (9./10. Jh.) der Apsis fesseln den Blick. So viel Gold! So viele Details! Die **Kapelle San Vittore** (Eintritt 2 €) im rechten Querschiff war vielleicht eine Apsis der ursprünglichen Basilika. Das Mosaik aus dem 5. Jh. zeigt das Bildnis des hl. Ambrosius. Über einem Sarkophag aus dem 4. Jh. erhebt sich die Kanzel aus dem 13. Jh. Das ungewöhnlichste Werk ist jedoch die sagenumwobene **bronzene Schlange** auf einer römischen Säule im Mittelschiff.

Studieren in Klostergemäuern

Im **Sant'Ambrogio-Viertel** wohnen seit Generationen vornehme Familien, darunter zahlreiche adelige, in Häusern mit schönen Innenhöfen und Parks, die man hinter den schlichten Fassaden oft gar nicht vermutet. Hier geht es eher gediegen zu. Trotzdem begegnet man vielen jungen Leuten, denn gleich hinter der Basilika steht die **Università Cattolica** 2. Seit 1930 hat die größte Privatuniversität Italiens ihren Sitz in dem großen ehemaligen Zisterzienserkloster, dessen zwei Kreuzgänge Bramante entwarf.

Römische Reste – **Spurensuche um den Corso Magenta**

10

Dass Mailand von 286 bis 402 n. Chr. die Hauptstadt des Römischen Reiches war, ist kaum mehr vorstellbar! 379 n. Chr. bezeichnete der Dichter Ausonio die Stadt sogar als ›Zweites Rom‹ – in Anbetracht der Fülle an spätantiken Bauten. Heute ist davon auf den ersten Blick nur wenig zu sehen. Aber machen Sie sich selbst ein Bild.

Geblieben sind nur ein paar Straßennamen, z. B. Via Circo oder Via Arena, außerdem vereinzelte Mauerreste und Türme sowie einige wenige Mosaikreste und Steine. Das römische Mailand existiert vor allem unterirdisch: Wo auch immer im Zentrum gegraben wird, stößt man auf römische Spuren. Ein Graus für die Bauunternehmen, denn

Da soll noch jemand sagen, die Jugend hätte kein Interesse an Geschichte: An lauen Sommerabenden zieht es sie zu den Colonne di San Lorenzo, den auffälligsten Resten der Römerzeit in Mailand.

Ü ÜBRIGENS

Wer sich dem antiken Mailand intensiver widmen möchte, kann noch einen Abstecher zur etwas abseits gelegenen Via Arena machen, wo sich im **Parco dell'Anfiteatro e Antiquarium ›Alda Levi‹** die Reste eines Amphitheaters befinden. Im Antiquarium sind römische Funde ausgestellt und Zeichnungen erklären, wie die Amphitheater genutzt wurden.

kaum ist der erste Spatenstich getan, kommen die Archäologen und veranlassen einen Baustopp, bis das Wichtigste gerettet ist. Unter der Stadt gibt es noch antike Kornspeicher, Zisternen, Brunnen, Säulensockel etc. Kapitelle und Statuen wurden ins Museum geschleppt, der Rest an Ort und Stelle belassen. Über viele römische Zeugnisse rauscht achtlos der Verkehr hinweg, doch es kann durchaus passieren, dass man z. B. in einer Tiefgarage plötzlich vor imposanten Mauerresten steht.

Immer wieder in der Diskussion ist eine autofreie Zone: Ein Freilichtmuseum, das die wenigen sichtbaren Spuren von Thermen, Circus und Kaiserpalast bis hin zu den Resten des römischen Amphitheaters unter der Börse umfassen soll.

Recycling à la Milano

Wie kommt's, dass Mailand relativ wenige römische Überreste aufzuweisen hat? Die Stadt war dank ihrer zentralen Lage stets ein wichtiges Handelszentrum und es wurde immer viel gebaut. Da es aber ringsum keine Steinbrüche gab, verwendete man das Baumaterial alter Gebäude – man baute mit und auf Vorhandem. Das einzige erhalten gebliebene große Zeugnis der Antike sind die **Colonne di San Lorenzo** (► S. 60).

Nur noch wenige Jahre, dann kann die Pasticceria Marchesi ihr 200-jähriges Firmenjubiläum feiern. Ihr Erfolgsrezept? Die richtigen Backrezepte. Dem verführerischen Angebot an Torten, Kuchen und Pralinen kann niemand widerstehen – versuchen Sie's erst gar nicht.

Suchen, um zu finden

Je weniger offensichtliche Römerstätten es in einer Stadt gibt, um so spannender kann es sein, sich auf die Spurensuche zu begeben. Besonders erfolgversprechend ist das Straßengeflecht zwischen dem Corso Magenta und der südlicher gelegenen Via Torino. Unter den römischen Resten in dieser Gegend sind diejenigen des heute von Katzen bewohnten, Ende des 3./Anfang des 4. Jh. unter Massimiano erbauten, prunkvollen **Palazzo Imperiale** in der **Via Brisa** 1 wohl die bedeutendsten. Zum Vorschein kamen sie erst im Zweiten Weltkrieg infolge von Bombardierungen 1943. Bis zu 9000 Zuschauer fasste einst das **Teatro Romano** 2. Einige Mauern können auf Anfrage unter der Handelskammer im Palazzo Turati besichtigt werden.

Geschichten zu Geschichtsschichten

Der beste Einstieg in die Beschäftigung mit Mailands römischem Erbe ist ein Besuch des **Museo Archeologico** 3. Schon der Bau selbst steht auf

INFOS/ÖFFNUNGSZEITEN

Teatro Romano 2: Camera di Commercio, Via Meravigli 9, Anmeldung unter T 02 85 15 51 08 (Mo 9.30–12.30 Uhr) oder teatroromano@mi.camcom.it
Civico Museo Archeologico 3: Corso Magenta 15, T 02 88 44 52 08, www.comune.milano.it/museoarcheologico, Di–So 9–17.30 Uhr, Eintritt 5 € (3-Tage-Ticket für alle städtischen Museen 12 €). Jeden Di nach 14 Uhr und jeden Tag ab 16.30 Uhr ist der Eintritt frei
Parco dell'Anfiteatro e Antiquarium ›Alda Levi‹ 5: Eingang Via de Amicis 17, Antiquarium, www.parcoanfiteatromilano.beniculturali.it, Di–Sa 9.30–14 Uhr, im Winter Di–Fr 9–16.30, im Sommer Di–Fr 9–118, Sa bis 14 Uhr, Eintritt frei

HERRLICH ALTMODISCHE GESCHÄFTE

Am noblen **Corso Magenta** gibt es neben klassischen, feinen Läden auch noch Geschäfte, die aus einer anderen Epoche zu stammen scheinen. Dazu gehören neben einem Laden für Arbeitskleidung, in dem man u. a. Livreen für die ›Dienerschaft‹ sowie Hauben und Schürzen für die Dienstmädchen findet (Casa del Bianco, Nr. 2), die wunderbare alte **Drogheria Soana** 1 mit ihren dunklen, hohen Holzregalen, in denen Tees, Öle, Weine u. v. m. stehen (Corso Magenta 1, T 02 86 45 27 25, www.drogheriasoana.it).
M.C.M. Santa Maria Novella 2 ist eine alte Apotheke aus Florenz, in der man die besten Potpourries aus toskanischen Wiesenblumen bekommt (Corso Magenta 22, www.santamarianovellamilano-mcm.it, Mo geschl.).

ANTIQUITÄTEN

Der Name Via San Giovanni sul Muro schräg gegenüber der Via Brisa erinnert an die Stadtmauer aus römischer Zeit. Ganz so alt sind die interessanten **Antiquitätenläden** der Gegend nicht.

SÜSS ODER SPANISCH

Pasticceria Marchesi 1: Via Santa Maria alla Porta 11a, T 02 87 67 30, www.pasticceriamarchesi.it, Di–So 8–20, So 8.30–13 Uhr und Mo geschl.
La Brisa 2: Via Brisa 15, T 02 86 45 05 21, www.ristorantelabrisa.it, tgl. 12.45–14.30, 19.45–22.30 Uhr Sa und So mittags geschl., ca. 50/60 €. Traditionelle Gerichte mit modernem Touch und zuweilen spanischem Einfluss – im Sommer auch im schattigen Innenhof.

APERITIF VOR DEM THEATERBESUCH

Der prächtige Barockpalast Palazzo Litta beherbergt heute das kleine **Teatro Litta** 1 (Corso Magenta 24, T 02 86 45 45 45, www.teatrolitta.it, Kartenverkauf Mo–Sa 18–20 Uhr) mit dem ›theatralischen‹ **Boccascena Café** (T 028 05 31 32).

Cityplan: E 5 | **Metro** M1, M2 Cadorna, **Tram** 19, 24

Anlass für diese Augenaufschläge im Barockpalast Litta (1648) war eine Schau des Mailänder Modeunternehmens Krizia. Auch sonst heißt es in dem Palazzo Augen auf, denn hier residiert das Teatro Litta, das immer wieder mit seinen Produktionen überrascht.

›Geschichtsschichten‹. Über der ältesten aus dem 1. Jh. n. Chr. wurde im 4. Jh. der Zirkus gebaut, im 8. Jh. ein mittelalterliches Kloster und im 16. Jh. das **Kloster San Maurizio Maggiore,** heute das Museum. Im Garten stehen noch der römische Turm, der später in einen Glockenturm umgebaut wurde, sowie Teile der römischen Stadtmauer.

Das Museum hat – übersichtlich angeordnet – eine römische, eine griechische und eine etruskische Abteilung. Hinzugekommen ist eine kleine Sammlung buddhistischer Kunst Gandharas. Die Exponate aus römischer Zeit stammen hauptsächlich aus städtischen Funden. Zu den bedeutendsten gehören eine große silberne Opferschale, die »Patera di Parabiago«, und ein polychromes Diatretglas mit der Inschrift »Bibe Vivas Multis Annis« – »Trinke, auf dass du viele Jahre lebest!«.

Aus der Römerzeit in die Renaissance

Zum Kloster der Benediktinerinnen, das heute das Archäologische Museum beherbergt, gehörte die Renaissancekirche **San Maurizio al Monastero Maggiore** 4, in der sich ein farbiger Schatz verbirgt, vom Kunstkritiker Vittorio Sgarbi »die Sixtinische Kapelle Mailands« genannt: Lebendige Fresken der lombardischen Schule aus dem 16. Jh. schmücken die ganze Kirche. Sehenswert sind vor allem die Wandgemälde von Bernardino Luini (um 1525). Der Innenraum ist durch eine Wand in zwei Hälften unterteilt: In der hinteren saßen die Klausurnonnen und wohnten so ungesehen der Messe bei, getrennt von den übrigen Gläubigen auf der Seite des Eingangs.

K
KONZERT

Vielleicht haben Sie ja Gelegenheit, ein Orgelkonzert in **San Maurizio al Monastero Maggiore** zu besuchen – dann keinesfalls versäumen. Die Orgel wurde 1554 von Gian Giacomo Antegnati gebaut und ist zu rund 60 % original erhalten.

Zeitsprünge – **Corso di Porta Ticinese**

11

Der einst alternative Corso di Porta Ticinese, Hauptachse des Ticinese-Viertels, ist wie ein Kulturlabor, in dem es alles gibt – von der ältesten Geschichte bis zur neusten Mode. Shopping können Sie hier mit einem geruhsamen Spaziergang im Parco delle Basiliche und dem Besuch von zwei bedeutenden Basiliken verbinden.

Porta Cicca, kleines Tor, wird das alte Stadttor noch heute zuweilen genannt. Bis in die 1970er-Jahre lebten in seiner Nähe vor allem Handwerker, Händler und Studenten. Nach der Renovierung des letzten verrufenen Stadtteils im Zentrum stiegen die Mieten und viele zogen weg. Der alte Charakter ist noch ein wenig erhalten, doch unter die multiethnischen, kreativen Läden am Corso mischen sich zunehmend schicke Geschäfte. Hauptanzie-

Ist der Cocktail schuld? Beim Blick aus einer Bar scheinen die Zeiten zu verschwimmen: Die antiken Marmorsäulen bilden mit der Basilica di San Lorenzo Maggiore und dem nahen mittelalterlichen Stadttor Porta di Ticinese ein ›Epochen-Konglomerat‹ aus zwei Jahrtausenden.

D
DENKMAL

Zwischen den Colonne di San Lorenzo und der Kirchenfront steht das Denkmal **Kaiser Konstantins.** Er erließ im Jahre 313 das Toleranzedikt, das Religionsfreiheit gewährte. Das war quasi der Startschuss für eine tiefgreifende Wandlung des Stadtbildes, denn von nun an wurden Kirchen und Basiliken errichtet.

hungspunkte sind aber noch immer die Basiliken San Lorenzo und Sant'Eustorgio.

Steinernes Geschichtsbuch

Auf einem kleinen Spaziergang um die **Basilica di San Lorenzo Maggiore** 1 herum bekommen Sie einen Eindruck von den Dimensionen der Kirche. Im 4. Jh. mit den Trümmern antiker Bauten begonnen, präsentiert sie sich von hinten als ein ›Knäuel‹ aus Kuppeln und Türmen. Verschiedene Kapellen gruppieren sich um einen grandiosen Zentralbau. Das Innere gleicht einem Kompendium der 1600-jährigen Architektur- und Kunstgeschichte. Was hier trotz Bränden, Zerstörung und Erneuerung heute noch existiert, ist seit dem frühen 17. Jh. unverändert geblieben.

Besonders eindrucksvoll ist die **Capella di San Aquilino** aus dem 4. Jh. mit ihren Fresken und einem Sarkophag. Am bedeutendsten sind die leider nur in Bruchstücken erhaltenen Mosaiken, die dennoch den Vergleich mit dem prachtvollen byzantinischen Pendant in Ravenna erlauben. Angeblich entstand diese Kapelle als Grabmal für Galla Placidia, die Tochter von Kaiser Theodosius. In der Capella di San Aquilino stößt man auch auf ein weiteres ›Abendmahl‹: Die Renaissancekopie von Leonardos Meisterwerk bezeugt, wie schnell diese neuartige Darstellung berühmt wurde.

David Bowie Flash Mob: Am 17. Januar 2016, einige Tage nach Bekanntwerden des Todes von David Bowie, versammelten sich Hunderte von Menschen auf dem Platz an den Colonne di San Lorenzo, um des Künstlers zu gedenken, seine Musik zu hören, gemeinsam zu trauern – und zu tanzen.

Aus der Antike ins Eisgeschäft

Vor der Basilica di San Lorenzo Maggiore ragen die imponierendsten Überreste aus römischer Zeit in Mailand auf: die 16 korinthischen Marmorsäulen **Colonne di San Lorenzo** 2 aus dem 4. Jh. Ihre Herkunft gibt Rätsel auf: Gehörten sie zu einem Tempel oder einer Villa? Vor allem im Sommer entfaltet der Platz zwischen Kirche und Säulen eine magische Anziehungskraft und wimmelt oft vor – hauptsächlich jüngeren – Menschen. In der Nähe gibt es verschiedene ›coole‹ Anlaufpunkte: Hervorragend ist das Eis der **Gelateria Grom** ❶ gleich um die Ecke. Soll es ein Bier sein, ist **Luca's Bar** ❷ unter dem mittelalterlichen, 1861 umgestalteten Stadttor **Porta Ticinese** 3 zu empfehlen.

Der Raub der Reliquien

Seit Jahrhunderten beginnt jeder neue Erzbischof seinen Einzug in Mailand bei der **Basilica**

di Sant'Eustorgio 4, die im 4. Jh. am Stadtrand dem gleichnamigen Märtyrerbischof geweiht wurde. Dem hatte der Kaiser von Byzanz ein Ruhm und Macht bringendes Geschenk überlassen: die Reliquien der Heiligen Drei Könige. Zur tiefen Trauer und Empörung der Mailänder ließ König Barbarossa, der 1162 ihre Stadt eroberte, die kostbaren Reliquien nach Köln entführen, wo sie im Dom zur Verehrung aufgestellt wurden. Erst Anfang 1903 gab die Erzdiözese Köln ein paar der hochverehrten Knöchelchen der Basilika Sant'Eustorgio zurück. Dass die Reliquien noch heute einen legendären Ruf besitzen, wissen außer Kunstkennern auch die Kinder, die den Zug der Heiligen Drei Könige am 6. Januar vom Dom zu ihrer Kirche begleiten.

Ein Florentiner in Mailand

Die Basilika wurde mehrmals erweitert und immer wieder umgebaut. Der heutige Bau stammt

P
PARK

Zwischen der Basilica di Sant'Eustorgio und der Basilica di San Lorenzo erstreckt sich der viel besuchte **Parco delle Basiliche** mit weitläufigen Rasenflächen. Angelegt wurde er nach den Bombardierungen des Zweiten Weltkriegs.

INFOS/ÖFFNUNGSZEITEN

San Lorenzo Maggiore 1: www.sanlorenzomaggiore.com
Sant'Eustorgio 4: www.santeustorgio.it; **Capella Portinari** tgl. 10–18 Uhr, 6 €
Museo Diocesano 5: T 02 89 42 00 19, www.museodiocesano.it, Di–So 10–18, Juli–Sept. auch Di–Sa 19–24 Uhr, 8 €, Di 4 €
Die **Sammelkarte** (gültig für das Kalenderjahr) für das **Museo Diocesano** sowie die Kapellen **Sant'Aquilino** (Basilica di San Lorenzo) und **Portinari** (Basilica di Sant'Eustorgio) kostet 12 €.

TREFFPUNKTE UNTER DEM TOR

Grom 1: Corso di Porta Ticinese 51, T 02 58 10 71 10, www.grom.it, tgl. 12–1 Uhr
Luca's Bar 2: Corso di Porta Ticinese 51b, T 02 58 10 04 09. Beliebte, winzige Cocktailbar mit wenigen kleinen Tischen auf der Straße. Auch Take-away-Getränke.

Cityplan: E 6/7 | **Tram** 3, 9, 15, 29, 30 **Bus** 94

Reliefdetail am Sarkophag in der Cappella Portinari. Es zeigt die Heiligsprechung von Pietro di Verona.

S
SELTSAM

Höchst kurios sind in der Cappella Portinari die **Madonna und das Jesuskind mit Hörnern.** Eine Legende erzählt, der Teufel sei Petrus von Verona als Jungfrau Maria erschienen, habe aber vergessen seine Hörner zu verbergen.
Kein Kreuz, sondern der Komet, der den Heiligen Drei Königen den Weg wies, bekrönt die **Spitze des Glockenturms** von Sant'Eustorgio.

Porta Ticinese

aus dem 13. Jh. Den schönsten Blick auf die vielen Kapellen hat man von der Via Santa Croce, der ersten Fußgängerstraße Mailands. Unter den Seitenkapellen mit Grabstätten alter Mailänder Adelsfamilien sollte man die hinterste Renaissancekapelle nicht versäumen – sie ist ein architektonisches Kleinod. Der Florentiner Bankier Portinari ließ die **Cappella Portinari** – die ›Kirche außerhalb der Kirche‹ – für die Reliquien des in Oberitalien hochverehrten Märtyrers San Pietro di Verona und für sich selbst errichten. Auf dem prächtigen, von vier Säulen getragenen Sarkophag aus carrarischem Marmor vom Bildhauer Giovanni di Balduccio aus Pisa (14. Jh.) erzählen die Reliefs sowie auch die Fresken des Lombarden Vincenzo Foppa (15. Jh.) von Leben, Wunder und Tod des Heiligen. An jedem 29. April kann man Zeuge eines überlieferten Brauchs werden, der besagt: Wer hier an diesem Tag seinen Kopf an den Altar schlägt, wird das ganze Jahr kein Kopfweh haben …

Im Kreuzgang neben Sant'Eustorgio befindet sich das **Museo Diocesano** 5 mit wertvollen Bildern, Skulpturen und Reliquiaren. Hier finden auch Ausstellungen zeitgenössischer Kunst statt.

UM DIE ECKE

Schräg gegenüber den Colonne di San Lorenzo liegt die unscheinbare **Via Gian Giacomo Mora** 6, wo 1630 ein armer Barbier als *untore* (Pestverbreiter) getötet wurde. Hier liegen beliebte Lokale wie das **Berlin Café** 1 (Nr. 7, www.berlincafe.milano.it), das nette Restaurant **Zucca e Melone** 3 (Nr. 3, www.ristorantezuccaemelone.it, lombardische, emilianische, piemontesische Küche) sowie die **Crota Piemunteisa** 4 (Nr. 9, www.crotapiemunteisa.milano.it) mit einfachen Gerichten. In die winzige Straße passt sogar noch mehr: neben Antiquitätengeschäften die Secondhandläden **Bivio** 1 (Nr. 4, www.biviomilano.it) und **Borderline** 2 (Nr. 12, www.borderline-store.com) mit Streetwear, **Cavalli e Nastri** 3 (Nr. 3 und 12, www.cavallienastri.com) mit Vintage-Kleidung, Spitzen und Schmuck aus dem 20. Jh. und **Mimma Gini** 4 (Nr. 11, www.tessutimimmagini.com) mit Stoffen aus dem fernen Orient und orientalisch inspirierter Mode.

Flanieren wie in Venedig – **das Navigli-Viertel**

12

Auf dem Wasserweg nach Mailand reisen? Tatsächlich war das einst möglich. Auf alten Stadtansichten erinnert die Hauptstadt der Lombardei mit ihren Kanälen, den Navigli, sogar an Venedig. Bis in die 1970er-Jahre war der Mailänder Hafen der drittgrößte Binnenhafen Italiens. Heutige ›Ankerplätze‹ im Navigli-Viertel sind die zahlreichen Lokale und Läden.

Ist es das Wasser, das uns diesen Flecken wie einen mediterranen Ferienort und nicht wie die geschäftige Großstadt erscheinen lässt? Hier wird nicht zum nächsten Termin gerannt, sondern geschlendert.

Naviglio Grande und **Naviglio Pavese** sind die Reste eines hochentwickelten Kanalsystems, das schon im 13. Jh. existierte. Dass Leonardo da Vinci, wie oft behauptet wird, an ihrem Bau beteiligt war, ist nicht bewiesen. Belegt sind hingegen seine Studien über die Schleusen der

Kanäle. Die Rolle der künstlichen Wasserstraßen als Kommunikations- und Handelswege einer Stadt, die zwischen den großen, aber entfernten Flüssen Ticino, Adda und Po liegt, wuchs in gleichem Maß wie Mailand und seine Bedeutung als Warenumschlagplatz und religiöses Zentrum. So kam der Marmor für den Dombau bis kurz vor dem Zweiten Weltkrieg noch direkt vom piemontesischen Ufer des Lago Maggiore über den

KULINARISCHES FÜR ZWISCHENDRIN

El Brellin 1: Vicolo dei Lavandai 14, T 02 58 10 13 51, www.brellin.it, Mo–Sa 12.30–14.30, 19–1, So 12.30–15, Café Mo–Sa 19.30–2 Uhr, ab 45 €
Bistrot 28 Posti 2: Via Corsico 1, T 02 839 23 77, www.28posti.org, Di–So 12.30–14.30, 20–23 Uhr
Taglio 3: Via Vigevano 10, T 02 36 53 42 94, www.taglio.me, Mo–Fr 8–24, Sa, So 8.30–24 Uhr
Kiosko 4: Piazza XXIV Maggio, T 02 89 40 22 24, www.ilkiosko24maggio.it, Speisen tgl. 10–20 Uhr
That's Bakery 5: Via Vigevano 41, www.thatsbakery.com, ► S. 91
Meatball 6: Via Vigevano 20, www.themeatballfamily.com, 10.30–2 Uhr, Spezialgebiet: Hamburger & Co.

ÜBERDACHTER MARKT

Mercato Coperto Piazza XXIV Maggio 1: Piazza XXIV Maggio 1, Mo 8.30–13, Di–Sa 8.30–13, 16–20 Uhr. Alles, was den Gaumen freut.

EIN GLÄSCHEN AM ABEND

Tagsüber verkauft die **Vineria** 1 Wein und Öl, abends bekommen Sie hier *aperitivi* (Via Casale 4, www.la-vineria.it)

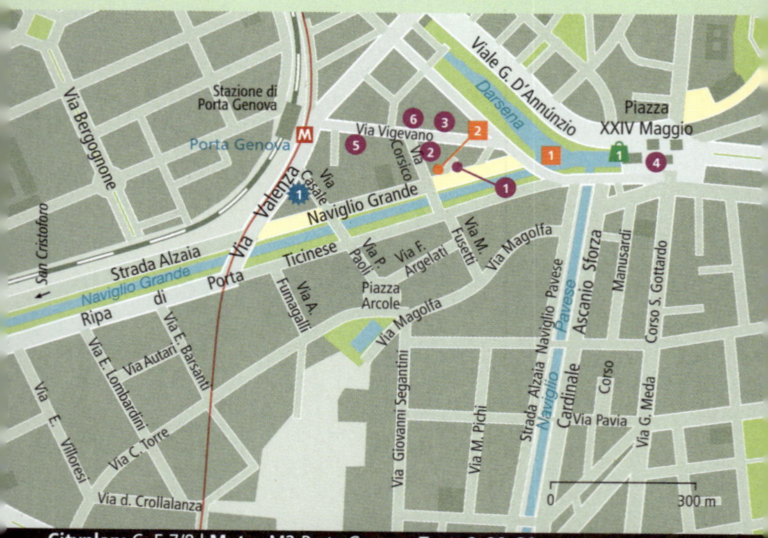

Cityplan: C–E 7/8 | **Metro** M2 Porta Genova, **Tram** 9, 29, 30

Ticino und die Kanäle bis ins Zentrum. Erst um die Wende zum 20. Jh. und nach dem zweiten Weltkrieg wurden die Kanäle zugeschüttet. Die Navigli waren aber nicht nur Verkehrswege, sie sorgten auch für die Bewässerung und ihr Wasser diente als Antriebskraft für Handwerksbetriebe.

Alle halbe Jahre wieder

Die Mailänder sind begeistert – sie haben ihren ›See‹ zurückbekommen: die **Darsena** 1, das alte Hafenbecken, in das der eine Kanal hinein und der andere hinausfließt. Es wurde in den Jahren vor der Expo umfassend gereinigt, saniert und ausgebaut. Irgendwann wird die Reinigungsprozedur wieder anstehen. Das Wasser der Navigli wird sogar zweimal im Jahr abgelassen, um die Kanäle zu reinigen, dann verwandeln sie sich leider in übel riechende Müllhalden.

Hinterhof-Hopping

Bis zum Beginn der 1970er-Jahre lebten und arbeiteten entlang der Kanäle vor allem Handwerker. Wie ein Reißverschluss trennte das lange von Bauspekulanten verschonte Navigli-Viertel damals das Zentrum von der südlichen Peripherie ab, einer sumpfigen Gegend. Es konnte seinen ganz eigenen, fast dörflichen Charakter bewahren. Nach der Studentenrevolution von 1968 quartierten sich hier mehr politische Gruppen ein als sonst irgendwo in Europa. Etwas von diesem ›Spirit‹ hat sich in den Centri Sociali erhalten, wie dem Conchetta in einem besetzten Haus (Via Conchetta 18), in dem sich die alternative Jugend trifft.

Erst in den 1980er-Jahren begann die Renovierung der alten *case a ringhiera,* der typischen Mailänder Häuser mit großem Innenhof und Außentreppen, die über einen gemeinsamen schmalen Balkon zu den einzelnen Wohnungen führen. Die Häuser sind wieder in den alten Farbtönen gestrichen, die Höfe mit Blumen geschmückt. Architekten, Designer und Künstler haben sich angesiedelt, sie lieben die Atmosphäre in den verwinkelten Sträßchen und Hinterhöfen. In manchen entdecken Sie interessante Läden und Ateliers.

Boulevard der Nachtschwärmer

Heute ist das Navigli-Viertel das Ausgehviertel Mailands. Trödel- und Antiquitätenläden, Künst-

Ü
ÜBRIGENS

Aus den Plänen, die Darsena in einen richtigen touristischen Hafen umzuwandeln, ist bislang nichts geworden. Nichtsdestotrotz gibt es eine **Navigli-Bootstour.** Sie führt bis zur kleinen Doppelkirche **San Cristoforo** (13./14. bzw. 15. Jh.) mit schönen Fresken im Innern.

Buntwäsche bevorzugt – ›Fassadenschmuck‹ an einer Casa a ringhiera im Navigli-Viertel.

Jeden Samstag findet in der Ripa di Porta Ticinese Mailands ältester Flohmarkt, die Fiera di Senigaglia (www.fiera disinigaglia.it), statt. An jedem letzten Sonntag des Monats (außer Juli/ Aug.) zieht der Mercatone dei Navigli alle, die Antiquitäten lieben, magisch an.

lerateliers, Buchhandlungen und Boutiquen laden ein zu Spaziergängen an der **Alzaia Naviglio Grande** und der gegenüberliegenden **Ripa di Porta Ticinese,** mittlerweile Fußgängerzonen. Gusseiserne Brücken überspannen die Kanäle, an deren Ufern sich zahlreiche Lokale angesiedelt haben. Im Sommer verwandeln sich einige der alten Lastkähne in schwimmende Bars oder Restaurants.

Die Kanäle kulinarisch gesehen

Neben schlichten Osterie haben moderne Lokale jeglicher Couleur und aller Preislagen eröffnet und noch immer schießen Restaurants, Kneipen, Pianobars und Jazzkeller wie Pilze aus dem Boden und stellen ihre Tische und Stühle auf die Straße. Besonders an Sommertagen und -abenden oder wenn Flohmarkt oder Antikmarkt ist, ziehen Ströme von Menschen lärmend durch das Viertel. Wer es beschaulicher mag, kommt besser am Vormittag oder frühen Nachmittag.

Völlig anders als am Tag wirken die Navigli am Abend – am besten also mehrmals wiederkommen.

Am **Vicolo dei Lavandai** 2 speist man im traditionsreichen Café-Restaurant **El Brellin** 1, wo einst Seife verkauft wurde. Bis in die 1950er-Jahre schrubbten nämlich an dieser einzigen erhaltenen überdachten Waschstelle die Frauen ihre Wäsche auf einem Waschbrett, das im Volksmund *brellin* heißt. Weiter geht's in die Via Corsico mit Lokalen und dem **Bistrot 28 Posti** 2 mit nur 28 Plätzen, einem jungen, kreativen Chef und sozialem Engagement: Die Inneneinrichtung wurde im Mailänder Gefängnis hergestellt.

In der Via Vigevano lohnen immer mehr Lokale einen Abstecher: Bei **Taglio** 3 kann man frühstücken, zu Mittag essen, abends einen Cocktail trinken oder einkaufen. Wer Fisch mag, kann am **Kiosko** 4 an der Piazza XXIV Maggio Bratfisch kaufen und gleich aus der Tüte verzehren.

Muße und Museen – **Rund um die Giardini Pubblici**

\# 13

Der Kopf angefüllt mit Stadtbildern und die Beine müde? Dann steuern Sie die Giardini Pubblici Indro Montanelli an. Ende des 18. Jh. angelegt, laden sie zu einer erfrischenden Pause im Großstadttrubel ein. Wenn Sie dann erneut Lust auf Kunst verspüren oder sich Wissensdurst regt: Im und um den Park gibt es hervorragende Museen und eines der größten Planetarien der Welt.

Gewiss, ein Park kann eine Bühne sein: für Flaneure, die sich dem Spiel des Sehen und Gesehenwerdens hingeben, oder für Akrobaten, die mit ihren Künsten das Publikum begeistern. Doch deshalb für die Parkgestaltung gleich den Architekten eines Opernhauses engagieren? So geschehen in

Das Mischungsverhältnis in den Giardini Pubblici Indro Montanelli stimmt: Action und Ruhe, Kunstentdeckungen und Kontemplation – vieles ist hier möglich.

B
BAR

Immer gut besucht ist die **Bar Bianco** 1 östlich des Weihers. Hier sitzen Rechtsanwälte aus den vornehmen Palazzi des Corso Venezia, Babysitter mit edlen Kinderkarossen aus den feinen Wohnungen, Studenten, Museumsbesucher …

Mailand: Giuseppe Piermarini, der Architekt der Scala, erhielt den Auftrag für den Entwurf eines Stadtparks. Die von ihm geplante Anlage im englischen Stil – der erste öffentliche Park der Stadt –, wurde 1782 eröffnet, vier Jahre nach Fertigstellung der Scala. Heute haben die nach dem Journalisten Indro Montanelli benannten Giardini Pubblici eine Fläche von rund 170 000 m². Der Erholungsraum nordöstlich des Zentrums hat einen schönen Baumbestand und künstliche Felsen, die den Höhenunterschied zu den Bastioni di Porta Venezia überbrücken. Karussell und Eisenbahn machen den Garten auch für Kinder attraktiv. Hin und wieder gibt es Veranstaltungen und Konzerte, im Winter eine Schlittschuhbahn.

Indro Montanelli hockt mit seiner Schreibmaschine auf den Knien auf einem Zeitungsstoß im Flur der Redaktion des Corriere della Sera – so zeigt das 2005 enthüllte Denkmal im Park den berühmten Journalisten.

Fresken, Fauna und das Firmament

Genug Parkluft geatmet? Dann auf zu neuen Taten. Sie könnten sich erkundigen, ob es im **Palazzo Dugnani** 1 eine Ausstellung gibt. Dann müssen Sie unbedingt hin. Denn nur dann bietet sich die Gelegenheit die schönen Tiepolo-Fresken in dem Ende des 17. Jh. errichteten Bau zu bewundern. Falls es mit dem Tiepolo-Blick nicht klappt, gibt es noch weitere interessante Orte: Das **Civico Museo di Storia Naturale** 2, eines der bedeutendsten Naturkundemuseen Italiens, erwartet Besucher mit einer zoologischen, einer paläontologischen und einer besonders reichen mineralogischen Sammlung. Außerdem zeigt es Dioramen, Glasdisplays, in denen Naturlandschaften mit ihrer Fauna und Flora rekonstruiert wurden. Der Elefant Bombay, an den sich alle älteren Mailänder erinnern, starb 1987, kurz vor der definitiven Schließung der Zoos, der auch in den Giardini Pubblici war. Zu den Attraktionen zählen sieben vollständige Dinosaurierskelette und die Rekonstruktion eines Triceratops.

Gleich nebenan residiert in einem an das Pantheon in Rom erinnernden, neoklassizistischen Bau das 1930 eingeweihte **Planetario Ulrico Hoepli** 3, eines der größten Planetarien der Welt. Hier gibt es interessante Vorträge und Projektionen.

E
EVENT

An einem langen Wochenende im Mai findet in den Giardini Pubblici **Orticola,** eine Gartenschau mit Verkauf statt – ein elegantes, buntes Vergnügen (www.orticola.org, tgl. 10–19 Uhr).

Ein Jahrhundert im Museum

In den Räumen der **Villa Belgiojoso Bonaparte** (auch Villa Reale), einem weitläufigen, klassizistischen Stadtpalais im Süden des Parks, befindet sich die **Galleria d'Arte Moderna** 4 (auch Museo dell'Ottocento, Museum des 19. Jh.) mit Werken vor allem italienischer Künstler des 19. Jh., sprich des Jahrhunderts der großen gesellschaftlichen Umwandlungen nach der Französischen Revolution und dem Beginn der Industriellen Revolution. Landschaftsbilder, Skulpturen und vor allem die vielen Porträts von Menschen, die das Jahrhundert geprägt haben, bringen uns diese Zeit nahe. Ein Großteil dieses Museums wurde durch Schenkungen zusammengetragen. Im zweiten Stock wartet die sehenswerte Collezione Grassi mit über 200 Bildern und Skulpturen, zumeist aus dem 19. Jh., aber auch mit früheren Werken auf Besucher.

Das angrenzende, 1954 vom Architekten Ignazio Gardella errichtete **PAC** 5 (Padiglione d'Arte Contemporanea), Mailands Kunsthalle, dient Ausstellungen zeitgenössischer Kunst.

K
KINDER

Zur **Villa Belgiojoso Bonaparte** gehört ein schöner englischer Park mit Pavillons und See – den dürfen Erwachsene nur in Begleitung von Kindern unter 13 Jahren betreten. Stellen Sie sich also gut mit Ihren Kindern …

INFOS/ÖFFNUNGSZEITEN

Palazzo Dugnani 1: Via Daniele Manin 2b, T 02 79 92 24
Civico Museo di Storia Naturale 2: Corso Venezia 55, T 02 88 46 33 37, www.comune.milano.it/museostorianaturale, Di–So 9–17.30 Uhr, 5 €
Planetario Ulrico Hoepli 3: T 02 88 46 33 40, für das Programm E-Mail senden an: c.planetario@comune.milano.it
Galleria d'Arte Moderna 4: Via Palestro 16, T 02 88 44 59 47, www.gam-milano.com, Di–So 9–17.30 Uhr, Eintritt 5 €
PAC 5: Via Palestro 14, T 02 88 44 63 59, www.pacmilano.it, 8 €
Villa Necchi 9: Via Mozart 14, T 02 76 34 01 21, www.fondoambiente.it, Mi–So 10–18 Uhr, 10 €, nur geführte Besichtigungen, Zugang zum Park gratis, Cafeteria 10–18 Uhr

KULINARISCHES FÜR ZWISCHENDRIN

Bar Bianco 1: T. 02 29 52 33 54, 8–21 Uhr. Im Sommer gibt es frische Wassermelone (3,50 €), kleine Speisen ab 5 €.

Swiss Corner 2: Piazza Cavour/Ecke via Palestro, www.swisscornermilano.it, tgl. 7.30–2 Uhr. Cool designte Location – auch zum Draußensitzen. Salate und Panini, süße und salzige Crêpes. Immer wieder Ausstellungen und kleine Musik-Events – erlebenswert.

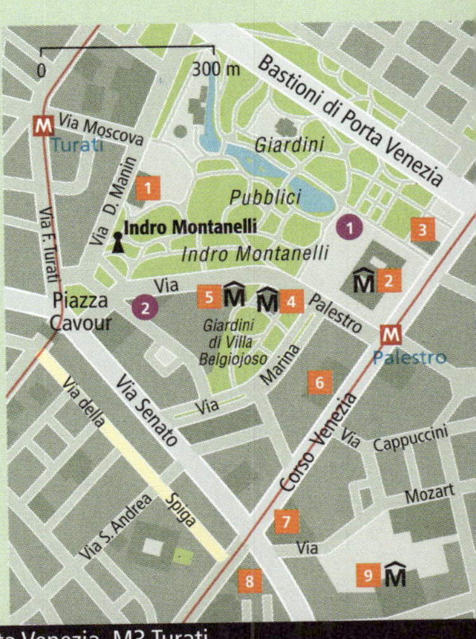

Cityplan: G/H 3/4 | **Metro** M1 Palestro, Porta Venezia, M3 Turati

Auf dem Weg zur Villa Necchi: Das von Adolfo Wildt in den 1920er-Jahren geschaffene Riesenohr an Haus Via Serbelloni Nr. 10, Ca' dell'Ureggia (Haus des Ohrs) genannt, diente einst als Sprechanlage.

Art Nouveau am Kutschen-Corso

Auf dem breiten, aristokratischen Corso Venezia beförderten einst prachtvolle Kutschen ihre Herrschaften zu den großartigen Patrizierhäusern. Hier bekommen Sie einen Eindruck vom reichen, aufgeklärten Mailand der letzten beiden Jahrhunderte. Architektonisch interessant sind der Jugendstil-**Palazzo Castiglioni** 6 (Nr. 47) und der neoklassizistische **Palazzo Serbelloni** 7 (Nr. 16).

Im Zentrum Mailands und in den eleganten Wohngegenden entdeckt man immer wieder Art-Nouveau-Details. Besonders am Corso Venezia und in den umliegenden Straßen, dem ›Karree der Stille‹, blühte zu Beginn des 20. Jh. der Jugendstil, auf Italienisch *stile liberty,* wegen der steinernen Blumenornamentik auch *stile floreale* genannt – Ausdrucksmittel des neuen, reichen Bürgertums.

P
PALAZZO

Unter der Adresse Corso Venezia 10 findet sich die **Casa Fontana Silvestri** 8, der einzige erhaltene Renaissancepalast aus der Sforza-Zeit. Die Gestaltung der Fassade, des Portals und des schönen Innenhofs wird Bramante zugeschrieben.

UM DIE ECKE

In den kleinen Straßen hinter dem Corso Venezia überraschen kleine Parkanlagen: Plötzlich steht man staunend vor rosa Flamingos hinter schmiedeeisernen Gittern. In einer dieser Straßen, der Via Mozart, steht die in den 1930er-Jahren von Piero Portaluppi erbaute **Villa Necchi** 9. Seit 2001 ist sie im Besitz des Fondo per l'Ambiente Italiano (FAI). Die Stiftung für italienisches Kulturgut nach dem Vorbild des englischen National Trust macht geschenkte Villen, Schlösser usw. der Allgemeinheit zugänglich. Die luxuriösen Räume der Villa Necchi mit der Originaleinrichtung erlauben Einblicke in den Lebensstil einer reichen Mailänder Industriellenfamilie. Stiftungen haben das Anwesen mit bedeutenden, repräsentativen Bildern des 20. Jh. bereichert (u. a. De Chirico, Marino Marini).

P
PARK

Im Park der **Villa Necchi** ist vom Trubel der Großstadt Mailand nichts mehr zu spüren – ein guter Ort, um ganz in Ruhe ein Buch zu lesen oder die Seele baumeln zu lassen. Zwischendurch können Sie sich in der ›Caffetteria‹ der Villa stärken – die steht allen offen (tgl. 10–18 Uhr).

Mode und Multikulti – **Corso Buenos Aires**

\# 14

Das ehemalige Oststadttor, die Porta Venezia, markiert heute die Grenze zwischen dem strengen, eleganten, neoklassizistischen Corso Venezia und dem lauten, bunten Corso Buenos Aires, der längsten Einkaufsstraße Mailands. Es ist auch das Tor zu einem quicklebendigen, multiethnischen Mailand mit vielen afrikanischen und indischen Restaurants und Geschäften.

An der **Porta Venezia 1**, dem im 19. Jh. monumental umgestalteten historischen Stadttor, beginnt der **Corso Buenos Aires**, die längste Einkaufsstraße Mailands mit mehr als 350 Geschäften. Hier finden Sie vor allem Mode – zu weitaus günstigeren Preisen als im Zentrum. Allerdings handelt es sich bei den meisten Läden um Filialen großer Ketten wie Benetton, Zara und Desigual.

Die Porta Venezia an der Stelle eines der sechs Haupttore Mailands wurde Anfang des 19. Jh. gebaut und ist gar kein Tor mehr, sondern es sind zwei imposante klassizistische Zollhäuser, um die heute der Verkehr rauscht.

INFOS/ÖFFNUNGSZEITEN

Boschi di Stefano 4: Via G. Jan 15, T 02 20 24 05 68, www.fondazione boschidistefano.it, Di–So 10–18 Uhr, Eintritt frei

Memoriale della Shoah di Milano (Binario 21): Via F. Aporti 3, in der Stazione Centrale 5, www.memoria leshoah.it, Mo 10–19, Di–Do 10–14.30 Uhr, Eintritt 10 €

KÖSTLICHES EIS

Die High-End-Gelateria **Grom** 1 hat inzwischen zehn Filialen in Mailand – Tendenz steigend –, eine liegt am Corso Buenos Aires (Nr. 13, T 02 20 52 01 04, www.grom.it tgl. ab 11 Uhr).

SCHÖNE STOFFE

Home Textile Emporium 1: Via Lecco 2, T 02 20 24 14 83, www.lisacorti.com

APERITIF IN VINTAGE-ATMOSPHÄRE

Die Atmosphäre der 60er-Jahre finden Sie in der kleinen Bar **Mono** 1 in der Via Lecco vor – probieren Sie die Cocktails; Buffet zur Happy Hour (Nr. 6, T 033 94 81 02 64, Di, So 18.30–1, Mi, Do bis 1.30, Fr, Sa bis 2 Uhr).

Cityplan: H–J 1–3 | **Metro** M1 P.ta Venezia, Lima, Loreto, M2 Loreto

Der über 1 km lange Corso trennt zwei Welten: Das Viertel westlich der Straße ist eher volkstümlich, während östlich elegante Häuser gutbürgerlicher Mailänder Familien stehen.

▶ LESESTOFF

Alle Italiener kennen das Lazzaretto aus im 17. Jh. spielenden, lesenswerten Roman **Die Brautleute** (zuvor »Die Verlobten«) von Alessandro Manzoni. Er erzählt die Geschichte des Brautpaars Renzo und Lucia, deren Hochzeit sich durch Intrigen und Schicksalsschläge unüberwindbare Hindernisse in den Weg stellen. Im 1630 von der Pest verwüsteten Mailand findet Renzo Lucia im Lazarett lebend auf.

Die Mischung macht's

Der Corso verläuft parallel zum alten Viertel **Lazzaretto,** das Ende des 19. Jh. Opfer einer der ersten großen Bauspekulationen wurde. Der Name erinnert an das riesige Lazarett, das hier im 16. und 17. Jh. die Pestkranken aufnahm. Übrig blieb nur ein kurzer Trakt, in dem sich heute die orthodoxe Kirche **San Nicola al Lazzaretto** 2 befindet. Zwischen Via Lecco, Via Tadino und Via Panfilo Castaldi hat sich in den letzten Jahrzehnten eine Kasbah entwickelt. Zu einer mit sozialen Spannungen verbundenen Ghettoisierung wie in anderen Mailänder Vierteln ist es aber nicht gekommen. Eritreische, äthiopische, somalische und indische

Restaurants liegen neben italienischen, Multikultiläden neben alteingesessenen Geschäften, dazwischen das luxuriöse **Home Textile Emporium** der Mailänder Stoffdesignerin Lisa Corti. Das Viertel ist ein Mix aus Tradition, Neuem und Anderem. Hier wohnen Handwerker, Künstler – wenige gebürtige Mailänder und viele Hinzugezogene aus aller Herren Länder. Die Lokale – trendy, Underground, Vintage oder traditionell – spiegeln die Wohnstruktur wider und verlocken zum Ausprobieren.

Porta Venezia

Kunst am Bau, Kunst im Bau

Östlich des Corso steht das spektakulärste Jugendstilhaus Mailands, die **Casa Galimberti** 3 (Via Marcello Malpighi 3) mit schmiedeeisernen Balkons, floralen Zementmotiven, völlig bedeckt mit bemalten und glasierten Kacheln. Im **Hotel Sheraton Diana Majestic** (Viale Piave 42), einem prunkvollen Jugendstilgebäude, beziehen vor allem Gäste aus der Modewelt Quartier. Im verträumten Garten können sie vergessen, dass sie sich mitten in der Stadt befinden.

Die Stiftung **Casa-Museo Boschi Di Stefano** 4 wurde wie die Villa Necchi in den 1930er-Jahren von Piero Portaluppi gebaut. Das Ehepaar Antonio Boschi und Marieda Di Stefano hinterließ der Stadt eine außergewöhnliche Sammlung der italienischen Avantgarde des 20. Jh., mit der es die große Wohnung bis in die 1960er-Jahre angefüllt hatte. Etwa 200 der über 2000 Werke sind ausgestellt.

La Cà de Donn (Haus der Frauen) nennen die Mailänder die Casa Galimberti, denn üppige Damen schmücken die Kacheln.

UM DIE ECKE

Bombastisch wirkt die 1912 begonnene, von den römischen Caracalla-Thermen inspirierte und mit patriotischen Mosaiken geschmückte **Stazione Centrale** 5 (Piazza Duca d'Aosta), einer der größten Kopfbahnhöfe Europas. Erst 1931 eingeweiht, passte sie glänzend zu Mussolinis ›Großmannsträumen‹. Unter den Bahnsteigen befindet sich an der einstigen Abfahrtsstelle der KZ-Transporte **Binario 21**, Mailands **Mahnmal der Shoah** (Memoriale della Shoah di Milano). Videos und Zeugnisse von Überlebenden vermitteln einen Eindruck von der damaligen Gleichgültigkeit der Bevölkerung, die das Grauen zuließ. An diesem Ort wurden im Frühjahr 2016 Flüchtlinge aufgenommen.

Ü ÜBRIGENS

Der Corso Buenos Aires mündet im **Piazzale Loreto.** Hierher wurden 1945 die Leichname des auf der Flucht erschossenen italienischen Diktators Benito Mussolini und seiner Liebsten, Claretta Petacci, gebracht und dem Volk gezeigt.

\# 15

Es gibt Totenhäuser in byzantinischem, romanischem, gotischem und im Renaissancestil, mittelalterliche Trutzburgen, Riesenkatafalke im monumentalen Stil des Faschismus und viel Jugendstil, denn zu Beginn des 20. Jh. blühte in Mailand der ›stile floreale‹ als Ausdruck eines aufstrebenden, reichen Bürgertums.

Von Grab zu Grab – **Cimitero Monumentale**

Nicht Trauergäste, sondern Touristen strömen zumeist aus den Bussen, die vor dem majestätischen Tor des Cimitero Monumentale halten, dem einzigen Friedhof Italiens, der offiziell als Museum gilt. ›Monumental‹ ist er in der Tat: 25 ha groß und übersät mit ›Miniaturbauwerken‹ in allen erdenklichen Baustilen.

Als nach der Einigung Italiens und dem stürmischen Beginn der Industrialisierung in Mailand ein schnell reich werdendes Großbürgertum heranwuchs, kam man auf eine zunächst als ›unsozial‹ beschimpfte Idee. Man legte zwei große Friedhöfe an: den Cimitero Maggiore mit endlosen Gräberfeldern für die ›gewöhnlichen‹ Bürger

und den Cimitero Monumentale für die Reichen, die sich eine prunkvolle, ›verewigende‹ Ruhestätte leisten konnten. Der ›Monumentale‹ avancierte mit der Zeit zum größten Skulpturen-Freilichtmuseum des Landes.

Posthum Reichtum zeigen

Hinter dem schon bei seiner Einweihung 1866 umstrittenen Eingangsgebäude (250 m lang, 50 m hoch) mit dem **Famedio** 1 in seiner Mitte, zu dem Sie über eine Treppe gelangen, beginnt ein weitläufiger, gepflegter Park mit vielen Lebensbäumen. Zwischen ihnen hat sich in Totenhäusern und in mit Skulpturen geschmückten Gräbern der zu Lebzeiten hinter strenger Würde verborgene Stolz auf den Reichtum der Verblichenen manifestiert. Einzige Voraussetzung dafür, auf dem Cimitero Monumentale bestattet zu werden, war und ist Geld: Darum gibt es – eine Rarität nicht nur in Italien – in der vorderen rechten Ecke (vom Eingang aus gesehen) auch einen Platz für Nichtkatholiken, in der linken Ecke einen für Juden. Auf dem weiten Areal ist fast der gesamte ›Gotha‹ der lombardischen Industrie zur ewigen Ruhe versammelt.

Der ursprünglich als katholische Kirche geplante Famedio (Ruhmestempel), von Carlo Maciachini in schwarz-weißem, neoromanischem Stil erbaut, wurde zum Pantheon der Berühmten, die sich um die Stadt besonders verdient gemacht haben. Ihre Namen kann man hier lesen und so ein Stück Mailänder Geschichte erfahren.

Das ›Who's who‹ Mailands

Sie wandern zwischen bizarren Gebilden umher: Hier ein griechischer Tempel, dort eine Pyramide, rechts eine Sphinx, dann wieder eine Christusfigur, Burgen, Mausoleen, moderne Glaspaläste wechseln einander ab. Über den oft mit Fotos der Verstorbenen versehenen Gräbern halten Engel aus Marmor und Bronze Wache.

Schon von Weitem fällt eine Skulpturengruppe auf: die Jünger Jesu, die sich zum letzten Abendmahl um die Tafel scharen. Giannino Castiglionis Werk, eine dreidimensionale Kopie von Leonardo da Vincis »Abendmahl«, schmückt das **Grab der Familie Campari** 2. Ja, genau: Davide Campari (1867–1936), Erfinder des blutroten Likörs, der Orangensaft in einen Longdrink verwandelt, liegt hier zur ewigen Ruhe gebettet.

Auffällig auch das **Grabmal der Unternehmerfamilie Motta** 3: Diese ließ von Giacomo Manzù Plastiken um einen Granitzylinder erschaffen, der nicht von ungefähr vage an den berühmten Mailänder *panettone* erinnert: Schließlich war die Familie durch die Herstellung und den Vertrieb des

Freche Zungen nennen die Abendmahlgruppe auf Davide Camparis Grab ›Der letzte Aperitif‹.
Der bekannteste Cocktail ist der Negroni mit Campari, rotem Wermut und Gin zu gleichen Teilen.

1919 eröffnete Angelo Motta in Mailand seine erste Panettone-Bäckerei. Aus ihr ging ein riesiges Lebensmittelimperium hervor.

typischen Mailänder Weihnachtskuchens reich geworden.

An eine Tuchhändlerfamilie, die ihren Teil zum Ansehen Mailands in der Welt beigetragen hat, erinnert das **Grabmal der Familie Bocconi** 4. Die Familie gründete das eleganteste und größte Mailänder Kaufhaus, die Rinascente. Vor allem aber rief sie die weit über Italiens Grenzen hinaus bekannte Wirtschaftsuniversität Bocconi ins Leben. Damit legte sie quasi das Fundament für das Nachwachsen künftiger ›Bewohner‹ des Cimitero Monumentale: erfolgreicher Absolventen der Bocconi, die es in ihrem Leben zu Vermögen bringen.

ÖFFNUNGSZEITEN UND INFOS

Cimitero Monumentale: www.comune.milano.it, unter Musei (mit Friedhofsplan), Di–So 8–17.30 Uhr. Auf dem am Eingang erhältlichen Plan finden Sie die spektakulärsten Grabstätten und die Namen der Meister, die sie schufen.

KULINARISCHES FÜR ZWISCHENDRIN

Sie brauchen nach dem Friedhofsrundgang eine richtige Stärkung?

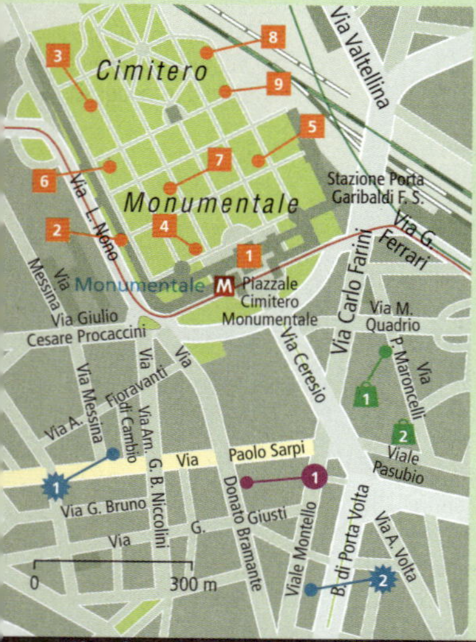

Bei **Ottimofiore** 1 gibt es gekonnt zubereitete sizilianische Gerichte (Via Bramante 26, T 02 33 10 12 24, auf Facebook, So, Mo mittags geschl.).

EINKAUFEN UND MEHR

In der **Via Maroncelli** eröffnen immer mehr interessante Läden mit Design, Mode und Vintage-Mobiliar. Außerdem können sich die Herren der Schöpfung hier in der **Barberia Maroncelli** 1 (Nr. 17, T 02 65 56 03 29 So, Mo geschl.) bei Nunzio und Nicola wie einst rasieren lassen oder einen rasanten Haarschnitt bekommen. ›Einkaufen hebt die Stimmung‹ heißt es bei **SLS Shopping Lifts Spirit** 2 (Nr. 3, T 02 29 06 31 25, www.shoppingliftspirit.com), ausgefallene Schuhe und Accessoires.

AUF EIN GLÄSCHEN

Enoteca Cantine Isola 1: Via Paolo Sarpi 30, T 023 31 52 49, Mo geschl. Nachdem die Straße Fußgängerzone geworden ist, können Sie Ihren Wein auch draußen in einem überdachten Bereich genießen.
Oder doch lieber auf einen Cocktail in die **ATM Discobar** 2, eine beliebte Adresse mit Dachterrasse (Bastioni di Porta Volta 18, auf Facebook)?

Cityplan: D/E 1/2 | **Metro** M5 Monumentale, **Tram** 4, 12, 14, 29, 30, **Bus** 41, 52, 70

Wer ist berühmter?

In dem weißen, mit schönen Jugendstilfiguren dekorierten **Totenhaus der Familie Toscanini** 5 ruht im obersten von drei Sarkophagen der 1957 gestorbene große Dirigent. Neben ihm seine Tochter und der Schwiegersohn, der Pianist Vladimir Horowitz (1903–1989). Das Skulpturenwerk schuf der bekannte Bildhauer Leonardo Bistolfi.

Viele kunstverständige Hinterbliebene übertrugen Entwurf und Ausführung der Grabmäler großen Künstlern, die nun mit den Toten um den höchsten Ruhm wetteifern. Dabei hält der Friedhof manch Überraschendes bereit: Wer erkennt schon in dem auferstehenden Christus am **Grab der Familie Castellotti** 6 oder dem kopflosen, blau schimmernden Porzellanengel am **Grab von Paolo Chinelli** 7 die Hand des Künstlers Lucio Fontana, welche doch mit den Löchern und Schnitten, die sie in Leinwände trieb, berühmt wurde?

Er wird mit August Rodin in eine Reihe gestellt: Medardo Rosso schuf 1889 das **Grabmal des Musikkritikers Filippo Filippi** 8. Als der Künstler selbst 1928 starb, wurde auch er auf dem ›Monumentale‹ beerdigt – in dem Bereich für Nichtkatholiken. Das Kugelobjekt auf dem **Grabmal der Familie Goglio** 9 ist ein Werk von Arnaldo Pomodoro (geb. 1926), einem der bedeutendsten italienischen Bildhauer der Gegenwart.

Arturo Toscanini mit Frau und Tochter (ca. 1930). Der 1867 in Parma geborene Dirigent war von 1898 bis 1908 und von 1921 bis 1929 musikalischer Direktor der Mailänder Scala.

Im Cimitero Monumentale: Grabmal für Antonio Bernocchi von 1935. Er war bedeutender Bürger und Mäzen.

UM DIE ECKE

Nicht weit vom Cimitero Monumentale liegt im Umkreis der Via Paolo Sarpi **Chinatown** mit chinesischen Restaurants, Lebensmittel- und Ledergeschäften. Um 1920 kamen die ersten chinesischen Einwanderer, heute sind es über 17 000. Anders als sonst in Chinatowns, wohnen in diesem Viertel vor allem Italiener, während der Handel vorwiegend in chinesischer Hand ist. In der Shoppingmeile **Via Paolo Sarpi,** der Hauptader des Stadtteils, findet man unter den vielen chinesischen Läden noch alteingesessene, italienische Geschäfte. Seit die Via Paolo Sarpi Fußgängerzone ist, hat sie sich als Ausgehziel mit netten Lokalen und Restaurants einen Namen gemacht. Mittendrin: die uritalienische **Enoteca Cantine Isola** 1, in der man sich zum Aperitif auf einen Wein trifft.

Ü ÜBRIGENS

Jedes Jahr wird zwischen Ende Januar und Mitte Februar in der Gegend um die Via Paolo Sarpi **Capodanno Cinese,** das chinesische Neujahrsfest, mit bunten Drachen und Restaurantabenden gefeiert.

EINTRITTSKARTEN *in eine andere Welt ...*

Neben den Museen im Castello (▶ S. 40) gibt es in Mailand über 50 weitere Museen, hier meine persönlichen Favoriten.

UND JETZT ENTSCHEIDEN SIE!

Pinacoteca und Biblioteca Ambrosiana
Di–So 10–18 Uhr
15/10 €

○ JA ○ NEIN

Werke u. a. von Botticelli, Tizian und Tiepolo sowie Leonardo da Vincis »Porträt eines Musikers«. Die Biblioteca Ambrosiana verwahrt kostbare Manuskripte, Bücher und Da Vincis berühmten »Codex Atlanticus«.
Karte 2, F 5, www.ambrosiana.eu

Museo del Risorgimento
Di–So, Fei 9–13, 14–17.30 Uhr
5 €, bis 17 J. und Di gratis

○ JA ○ NEIN

In einem schönen Palazzo erzählen Gemälde, Drucke, Skulpturen, Waffen usw. von der Bewegung für Freiheit und Unabhängigkeit (*risorgimento* = Wiederstehung) vom ersten Feldzug Napoleons bis zur Einigung Italiens.
F 3, www.museodelrisorgimento.mi.it

Museo del 900
Mo 14.30–19.30, Di, Mi, Fr, So 9.30–19.30, Do, Sa bis 22.30 Uhr
5 €, bis 25 J. Eintritt frei

○ JA ○ NEIN

Ein Schnellkurs in italienischer Kunst des 20. Jh. Etwa 400 Werke – vom Futurismus bis zur Arte Povera. Pellizza da Volpedos streikende Arbeitermasse in »Il quarto Stato« (Der vierte Stand) eröffnet das Jahrhundert.
Karte 2, F 5, www.museodelnovecento.org

Gallerie d'Italia
Di–So 9.30–19.30, Do bis 22.30 Uhr
5 €, bei Ausstellungen 10 €

○ JA ○ NEIN

Grandios schon das Ambiente: drei miteinander verbundene klassizistische Stadtpaläste. Zu sehen ist italienische Kunst, u. a. Stadtansichten und Bilder vom Leben im 19. Jh., Werke aus Nachkriegszeit und Gegenwart.
F 4, www.gallerieditalia.com

Hangar Bicocca

Do–So 10–22 Uhr
Eintritt frei

JA NEIN

Spannend sind die Ausstellungen berühmter wie auch wenig bekannter zeitgenössischer Künstler in der riesigen einstigen Industriehalle. Anselm Kiefers »Sette Palazzi Celesti« sind hier als Dauerinstallation zu sehen.

nördl. H 1, www.hangarbicocca.it

Dialogo nel Buio

Di–Fr 9.45–16, Do, Fr auch 18.30–20.30, Sa 14.15–21, So 13.30–18.30 Uhr, 15 €, Do–Sa 19–22.30 Uhr mit Aperitif und Livemusik 20 €

JA NEIN

In völlig abgedunkelten Räumen führen blinde Menschen durch die Ausstellung: Düfte, Töne, Temperaturen, Wind, Texturen. Im angeschlossenen Lokal speisen Sie im Dunkeln.

H 4, Istituto dei Ciechi, Via Vivaio 7, www.dialogonelbuio.org

Museo d'Arte e Scienza

Mo–Fr 10–18 Uhr
5 €

JA NEIN

Woran erkennt man Kunstfälschungen? Antwort gibt das Museum für Kunst und Wissenschaft. Interessant ist auch die Dauerausstellung über Leonardo da Vinci. Alle Erklärungen und Infos gibt's auch auf Deutsch.

Karte 2, E 4, www.museoartescienza.com

MUDEC – Museo delle culture

Mo 14.30–19.30, Di, Mi, Fr, So 9.30–19.30, Do, Sa 9.30–22.30 Uhr
12/10 €

JA NEIN

Das 2015 eröffnete Museum der Kulturen der Welt gehört zum Ex-Ansaldo-Komplex, einem ehemaligen Fabrikgelände. David Chipperfield projektierte das Gebäude, das die Balance zwischen Alt und Neu hält.

C 7, www.mudec.it

Museo Studio Francesco Messina

Di–So 10–18 Uhr
Eintritt frei

JA NEIN

In der entweihten Kirche San Sisto, einst Atelier von Francesco Messina (1900–1995), sind etwa 80 Skulpturen und fast 30 grafische Arbeiten des bedeutenden sizilianischen Bildhauers zu sehen.

E 5, www.turismo.milano.it

Mailands Museumslandschaft

In Sachen Museen hat sich in den letzten Jahren viel getan, sodass Mailand heute nicht nur Businessreisende und Modefreaks, sondern auch Kunstinteressierte anzieht. Einige Museumsbauten sind großartige Werke der Architektur, die für sich genommen schon sehenswert sind. Dazu zählen die **Fondazione Prada** (▶ S. 83), das **MUDEC** (▶ S. 79), die **Gallerie d'Italia** (▶ S. 78) und das **Museo del 900** (▶ S. 78). Etwas Besonderes sind die vielen in Museen umgewandelten Ateliers und Wohnhäuser von Künstlern. Die Privatsammlungen im **Museo Poldi Pezzoli** (▶ S. 34) und im **Museo Bagatti Valsecchi** (▶ S. 35) sowie die **Villa Necchi** (▶ S. 70), die **Casa-Museo Boschi Di Stefano** (▶ S. 73) und das **Studio Castiglioni** (▶ S. 46) sind in den Direktkapiteln beschrieben. Aber es gibt weitere 14 Museen dieser Art. Die Website www.storiemilanesi.org (auch auf Englisch) führt Sie zu diesen Orten und erzählt von den Menschen und ihrer Zeit. Wer mehr über Mailands Historie erfahren will, muss verschiedene Museen besuchen, denn es gibt derzeit noch kein Einzelmuseum, das die Stadtentwicklung umfassend von den Anfängen bis heute beleuchtet.

TIPPS FÜR DEN BESUCH DER MAILÄNDER MUSEEN

Freier Eintritt in städtische Museen: an jedem 1. So im Monat
MilanoCard: Rabatt in vielen Museen, z. T. auch freier Eintritt (▶ S. 111)
Website der städtischen Museen: www.turismo.milano.it
L'Abbonamento Musei Lombardia: 45 €/Jahr. Die Karte lohnt sich für alle, die viele Museen besichtigen möchten oder öfters in die Lombardei reisen (Rabatt für Museen und z. T. Theater etc.), http://lombardia.abbonamentomusei.it.
Wichtig: Die meisten Museen sind montags geschlossen.

Kunst auf Vorrat: Depot der Pinacoteca di Brera

Dem Himmel ganz nah – neue Architektur in Mailand

Mailand war in puncto Architektur schon immer mutig und gehört nach langer Pause wieder zur Avantgarde Italiens. Bis vor Kurzem reckten sich nur der Dom, das Pirelli-Hochhaus und die Torre Velasca in den Himmel. Nun gibt es neue Riesen, entworfen von renommierten Architekten aus der ganzen Welt. Vor allem die Bauten im neuen Viertel Porta Nuova haben Mailands Skyline revolutioniert.

360°-Blick auf die Stadt

Palazzo Lombardia 🕮 G 1

Dieses 2011 fertiggestellte Hochhaus (161 m) aus Stahlbeton und Glas östlich der Stazione Garibaldi ist Sitz der Regierung und der Verwaltung der Region Lombardei. Zum Gebäudekomplex gehört der größte überdachte Platz ganz Europas. Noch viel interessanter: Sonntags können Sie in den 39. Stock fahren, wo Sie einen fantastischen Blick über Mailand haben.

www.regione.lombardia.it > Le Grandi Sedi > Palazzo Lombardia

Ein vertikaler Wald für gute Luft

Bosco Verticale 🕮 F 1

Die beiden 110 m und 80 m hohen Wohntürme des Architekten Stefano Boeri sind Ikonen der Mailänder Wiedergeburt und wurden 2014 in Frankfurt für die Pionierarbeit bei der Bepflanzung von Hochhäusern, die Nachhaltigkeit und die Innovation mit dem internationalen Hochhauspreis ausgezeichnet. Auf den Balkonen wachsen 800 Bäume, 5000 Büsche und Sträucher und weitere 14 000 Pflanzen – so viel urbane Biodiversität wie möglich war eines der Leitmotive. Die Pflanzen schützen vor Lärm, dämmen gegen Wärme und Kälte und produzieren Sauerstoff. Ob diese lebendige Fassade ein Prototyp für die Bepflanzung von Wohntürmen wird?

Via Federico Confalonieri, www.stefanoboeriarchitetti.net

Der beliebteste Gigant

Torre Unicredit 🕮 F 1/2

Der imposante und doch elegante, vom argentinischen Architekten César Pelli entworfene Hochhaus-Komplex aus Glas und Stahl besteht aus drei unterschiedlich großen Türmen, die seit 2012 die Piazza Gae Aulenti ›umarmen‹. Von den Mailänder Corriere-della-Sera-Lesern wurde er zum schönsten Wolkenkratzer der Stadt erkoren. Mit seiner von überall her sichtbaren, manchmal nachts in verschiedenen Farben leuchtenden Spitze ragt er 231 m in den Himmel über Mailand

Piazza Gae Aulenti 3

Der gerade Turm

Torre Allianz – Il Dritto 🕮 B 2/3

Auf dem ehemaligen Messegelände (Ex-Fiera) entsteht ein neues Quartier: CityLife. Um drei Wolkenkratzer nach den Entwürfen der Stararchitekten Arata Isozaki, Zaha Hadid und Daniel Libeskind wurden luxuriöse Wohnblocks in einer Parkanlage gebaut. Als erster der von den Mailändern nach ihrer Gestalt ›Gerader‹, ›Buckliger‹ und ›Krummer‹ genannten Türme steht der des Japaners Isozaki. Auf dem 209 m hohen Wolkenkratzer wurde eine Kopie der ›Madonnina‹ vom Dom angebracht. Das Gebot, kein Gebäude dürfe diese überragen, wurde schon 1960 beim Pirelli-Hochhaus auf diese Weise umgangen.

Piazza Tre Torri

Provozierend, erinnernd, anregend – Skulpturen und Denkmäler

Über die Stadt verteilt gibt es viele künstlerisch oder historisch interessante Denkmäler und Skulpturen, wie die Riesennadel von Claes Oldenburg und seiner Frau Coosje van Bruggen (Piazza Cadorna), das müde Pferd unter dem stolzen Militärführer des Risorgimento Giuseppe Missori (Piazza Missori), Pinocchio (Corso Indipendenza), Könige, Dichter und Denker, allerdings keine Frau.

Was bedeutet die Geste?

L.O.V.E. Karte 2, E 5

Lange tobte die Kontroverse, ob die zunächst vorübergehend aufgestellte, 11 m hohe Plastik von Maurizio Cattelan, ein überdimensionaler Mittelfinger (die übrigen Finger sind abgesägt) dauerhaft vor der Börse stehen dürfe, ob sie auf Metaphysisches verweise oder schlicht respektlos sei. Nun verbleibt die sehnige Hand aus weißem Carraramarmor am Ort.

Piazza degli Affari

Ideale des Risorgimento

Cinque-Giornate-Denkmal H 5

Das Denkmal feiert die Cinque Giornate (›Fünf Tage‹: 18.–22. März 1848), die Erhebung und den Sieg Mailands gegen die österreichische Fremdherrschaft. Es ist das letzte und wichtigste Werk von Giuseppe Grandi. Fünf weibliche allegorische Bronzefiguren stellen die fünf Tage dar: Die erste Frau schlägt Alarm, die zweite beweint die Gefallenen, die dritte ruft zum Kampf auf, die vierte und fünfte drücken die Siegesstimmung aus. Der Löwe symbolisiert das wütende Erwachen des Volkes und der Adler die Freiheit. In der Mitte erhebt sich ein Obelisk mit den Namen der Gefallenen.

Piazza Cinque Giornate

Ein Denker der Neuzeit

Cesare-Beccaria-Denkmal

Karte 2, G 3

Nach dem Aufklärer Cesare Beccaria ist u. a. das Jugendgefängnis in Mailand benannt, denn der Rechtsphilosoph legte mit dem Buch »Dei Delitti e delle Pene« (Über Verbrechen und Strafen, 1764) die Grundlage zur Reform des Strafrechts in Europa. Er lehnte Folter und Todesstrafe ab. Erst 1871 wurde das Denkmal (ebenfalls von Giuseppe Grandi) aufgestellt.

Piazza Cesare Beccaria

›Ein Liter zu viert‹

Da-Vinci-Denkmal Karte 2, F 2

Stolz steht Leonardo da Vinci mitten auf der Piazza, umgeben von seinen vier Lieblingsschülern. Auf den Sockelreliefs sind die Disziplinen dargestellt, denen er sich widmete: Er ist beim Malen des Abendmahls zu sehen, als Bildhauer bei der Arbeit am Sforza-Reiterstandbild, als Architekt sowie als Ingenieur beim Bau von Kanälen. ›On liter in quatter‹ (ital. *un litro in quattro*) wurde das Denkmal von den Mailändern getauft, denn Leonardo steht wie eine schlanke Flasche zwischen den sehr viel kleineren Schülern, die wie vier Gläser aussehen.

Piazza della Scala

Leider dreht sie sich nicht mehr

Grande Disco Karte 2, G 4

Früher drehte sich Il Disco, die große, doppelte, wegen der Lichtreflexion *il sole* (Sonne) genannte Scheibe von Arnaldo Pomodoro. Seine Skulpturen, Kugeln, Scheiben, Kegel wirken von außen glatt, doch durch Risse und ›Wunden‹ offenbart sich ihr komplexes, raues Innenleben.

Piazza Meda

Verwandlung gelungen – Fabriken in neuer Funktion

Früher wetteiferten Herrscher um die prächtigsten Bauten. Heute sind es Modezaren, Großindustrielle und Banken. Besonders gerne lassen sie sich ehemalige Fabrikareale von internationalen Stararchitekten zu neuen Kunst- und Kreativlocations umbauen. So sind aus einstigen Arbeitervierteln hippe Gegenden geworden – mit allen Konsequenzen, wie Wegzug der alten Bewohner.

Fabrik der Kreativität

Ex-Ansaldo 🕮 C 7

Jenseits der grün gestrichenen Bahnbrücke hinter der Stazione di Porta Genova liegt das einstige Areal des Technologieunternehmens Ansaldo, ein Symbol des industriellen Mailands. Heute befinden sich hier das **MUDEC** (Museo delle Culture, ► S. 79), das Veranstaltungszentrum **Base** und die **Laboratori Teatro alla Scala.** Ein Besuch dieser Werkstätten, in denen die Bühnenbilder und Kostüme für die Aufführungen der Scala entstehen, ist faszinierend. In den Hallen, in denen einst Züge gebaut wurden, wird gehämmert, mit übergroßen Pinseln auf riesige Leinwände gemalt etc. 120 Handwerker und Künstler sind am Werk – von einer umlaufenden Galerie aus kann man ihnen zusehen. Ausgestellt sind auch Bühnenmodelle und Kostüme.

Via Bergognone, 34, Laboratori: T 02 433 53 52, www.teatroallascala.org, Führung auch auf Englisch (ab 7 Pers., n. Anmeldung), Eintritt 10 €

Modegeschichte im Getreidesilo

Armani Silos 🕮 C 7

Schräg gegenüber vom Ansaldo hat ›König‹ Giorgio (Armani) 2015 sein Museum in einem ehemaligen Getreidesilo eingeweiht, wozu die Crème de la Crème des Showbiz kam. 40 Jahre seines Schaffens werden hier erzählt: spektakuläre Kollektionen und Entwürfe.

Via Bergognone 40, T 02 91 63 00 10, www.armanisilos.com, Mi–Fr, So 11–19, Do, Sa 11–21 Uhr, Eintritt 12 €

Kunst statt Spirituosen

Fondazione Prada 🕮 H 8

Rem Koolhaas hat die Gebäude auf dem Gelände einer alten Destillerie aus dem frühen 20. Jh. in ein Museum verwandelt: ein faszinierendes Zusammenspiel aus Alt und Neu, Architektur, Raum, Licht und Kunst mit Straßen, Höfen und Piazzas wie in einem Dorf. Zu sehen sind hier eine ständige sowie wechselnde Ausstellungen zeitgenössischer Kunst. Die Bar Luce wurde von Regisseur Wes Anderson (Grand Budapest Hotel) gestaltet und soll an die Atmosphäre der Mailänder Cafés der 1950er- und 60er-Jahre erinnern.

Largo Isarco 2, T 02 56 66 26 11, www.fondazioneprada.org, tgl. 10–21 Uhr, Eintritt 10 €, erm. 8 €

Neue Pilgerstätte: Fondazione Prada

Pause. Einfach mal abschalten

Luft schnappen, auftanken, zur Ruhe kommen – das geht selbst im hochgetakteten Mailand. Gut geeignet ist natürlich ein Spaziergang in einem der Parks, z. B. dem Parco Sempione (► S. 44) und den Giardini Pubblici (► S. 67) oder an der Darsena (► S. 17). Die Mailänder selbst entspannen am liebsten bei einem Drink oder gehen in ein Wellnesscenter. Parks und Gärten werden vor allem von Müttern mit Kindern, Jugendlichen und Touristen genutzt. Lauschige Plätze sind nicht leicht zu finden, aber es gibt sie: ein Innenhof, ein ruhiges Sträßchen, eine kleine Piazza …

Fern vom rauschenden Verkehr

Rotonda della Besana 🕮 H 5/6

Hinter der spätbarocken, geschwungenen roten Backsteinmauer der Rotonda della Besana verbirgt sich eine nur selten von Touristen angesteuerte Oase der Ruhe. Hat man das einstige Friedhofsgelände betreten, entpuppt sich die ›Rückseite‹ der Mauer als schattenspendender Arkadengang mit vereinzelten Steinbänken. Die von einigen Bäumen, Sträuchern, Parkbänken und einem Kinderspielplatz aufgelockerten Grünflächen rund um die einstige Kirche San Michele ai Nuovi Sepolcri sind nicht gerade groß, aber die geschützte Lage fern vom rauschenden Verkehr und die eindrucksvolle Architektur machen das mehr als wett – in jedem Fall ein Ort mit besonderer Aura.

Via Enrico Besana 12, Nov.–März 7–20, April, Okt. 7–21, Mai–Sept. 7–22 Uhr und während Veranstaltungen geöffnet

K KINDER

Aus Kirche wird Kinderwelt: Die **Rotonda della Besana** scheint ein ausgesprochen wandlungsfähiger Ort zu sein. Ende des 17. Jh. als Friedhofskirche für das Ospedale Ca' Granda erbaut, wollte Napoleons Bruder sie nach der Schließung des Friedhofs 1788 als Pantheon der Grande Nation im besetzten Italien nutzen. Doch so viel Ehre wurde ihr nicht zuteil: Sie diente als Kaserne und später als Wäscherei für das Krankenhaus. Heute befindet sich in der ehemaligen Kirche das **MUBA, das Museum für Kinder,** mit einer Spielfläche aus nachhaltigen Materialien (www.muba.it, mit Bistro, Buchhandlung und vielen Aktivitätsangeboten für Kinder).

Kathedrale des Wohlbefindens

Qc Terme Milano 🕮 H 7

Die Mailänder lieben dieses große Wellnesscenter in einem Jugendstilgebäude mit verschiedenen Becken, einem Garten, dem Dampfbad, Angeboten für Hydromassage u. v. m. Einen Teil der Begrenzung rund um das Gelände bildet die spanische Stadtmauer aus dem 16. Jh. Mailänder, die es sich zeitlich erlauben können, genießen die wohlige Wärme zwischen 12.30 und 15 Uhr statt Mittagspause oder sie lassen den Tag zwischen 19 und 21 Uhr mit einem Aperitif zu den Dämpfen ausklingen.

Piazza Medaglie d'Oro 2, T 02 55 19 93 67, T 02 55 19 48 33, www.termemilano.com, Mo–Do 9.30–24, Fr 9.30–0.30, Sa 8.30–0.30, So 8.30–24 Uhr, Eintritt Mo–Sa 45 €, Sa, So 50 €

Am Idroscalo: Man muss das kleine Glück auch genießen können ...

Einfach nur mal rumliegen

Idroscalo (Idropark Fila)

östlich K 4

Der Idroscalo ist Mailands große, grünblaue Lunge und wird auch ›il mare dei milanesi‹ – das Meer der Mailänder – genannt, denn das ist er für viele, die sich einen richtigen Urlaub am Meer nicht leisten können. Der 2,6 km lange See wird für alle möglichen Sportarten genutzt – Surfen, Segeln etc. Es gibt Schwimmbäder, Tennis- und Spielplätze, Restaurants, Discos, Pizzerien und Bars.

Hinter dem Flughafen Linate, Via Circonvallazione 29

Aktive Entspannung

Radweg an der Martesana

nördlich H 1

Am Kanal Martesana, der aus dem 15. Jh. stammt und den Fluss Adda mit Mailand verbindet, führt ein ca. 30 km langer Radweg entlang. Hier spürt man noch etwas vom alten, fast ländlichen Mailand. Einkehren und griechische Ferienstimmung genießen können Sie in der beliebten Taverna Mykonos in der Via Tofane 5 (www.mykonos-ristorantegreco.it).

Start des Radwegs: in der Via M. Gioia, Radverleih: Via Ponte Seveso 33, www.awsbici.com

Verwunschen

Giardino della Guastalla G 5/6

Kinder, Jogger und Hunde sind das Hauptpublikum dieses Parks, dessen Mittelpunkt ein großes, barockes Fischbecken ist. Großer Beliebtheit erfreut er sich auch bei den Studenten der den Universität gegenüber und den Juristen aus dem nahen Justizpalast. Bereits im 16. Jh. angelegt, ist der Giardino della Guastalla einer der ältesten öffentlichen Parks der Stadt. In der Nähe liegt übrigens die 1892 errichtete, nach dem Zweiten Weltkrieg wieder aufgebaute Synagoge.

Mailands Berg

Monte Stella westlich A 1

Die heute dicht bewachsene *montagnetta,* der ›kleine Berg‹, entstand auf den Trümmern und dem Kriegsschutt des Zweiten Weltkriegs. 2003 wurde hier ein ›Garten der Gerechten‹ eingeweiht. Der Berg ist nur 50 m hoch, aber Sie haben einen schönen Blick auf die Stadt und mit Glück auf die Alpen im Norden. Nur wenige Schneeflocken und schon stürmen im Winter die Kinder mit ihren Schlitten hierher. Auch Jogger schätzen die Steigung. Für sie bedeutet das Laufen Abschalten – andere suchen eher Erholung unter den schattenspendenden Bäumen.

Mailänder Matratzen

Schön geschlafen? Viele Mailand-Besucher können diese Frage mit einem ›ja‹ beantworten, denn wo Mode und Design einen so hohen Stellenwert haben wie in der lombardischen Hauptstadt, ist das ›schöne‹ Ambiente auch in Hotels & Co. quasi Ehrensache. Allerdings: Ein tolles Zimmer zu einem guten Preis zu finden, ist gar nicht so einfach.

Die Zahl der Unterkünfte in Mailand ist groß und im Expojahr 2015 noch weiter gestiegen. Reich ist das Angebot an teuren, guten Hotels mit jeglichem Komfort, großem Charme und renommierter Küche. Auch wird die Liste der von Architekten extravagant gestylten Häuser immer länger. Popstars, russische Millionäre und Scheiche finden mit Leichtigkeit das Passende. Schwierig wird es für Besucher, die am liebsten in kleinen Privatpensionen oder Hotels mit persönlicher Note logieren.

Die Übernachtungspreise sind recht hoch – für ein Doppelzimmer sind mindestens 100 € hinzublättern – und 200 € leider normal. Nur in Hostels (nicht nur was für Jugendliche) zahlt man weniger. Sie bieten zudem oft Unterhaltung und Kultur.

In den letzten Jahren sind viele Bed & Breakfast aufgemacht worden und über Airbnb findet man Privatunterkünfte. Trotzdem kann es zu Messezeiten – besonders während der Möbelmesse im April – schwierig werden, ein Zimmer zu finden, und die Preise explodieren dann förmlich. Wenn nichts mehr geht, hilft es, in die Provinz auszuweichen.

In Mailand können Sie die Nacht zum Tag machen – aber es geht natürlich auch umgekehrt.

ZUM SELBST ENTDECKEN

Eine Alternative zu den Hotels ist **Camping Village Città di Milano** im Westen der Stadt. Wer kein eigenes Zelt oder Wohnmobil besitzt, kann eine Ökosuite, einen Bungalow mit Küche und Bad oder ein Zimmer mieten – oder aber in einem Hängezelt übernachten, das zwischen Bäumen schwebt. Selbst der Schlafsack kann gestellt werden (www.campibgmilano.it).

Nicht in allen Hotels gibt es ein gutes **Frühstück.** Falls das Angebot nicht so verlockend ist, gehen Sie am besten in eine der schönen Bars, die es meist in der Umgebung gibt, und beginnen den Tag mit Brioche und Cappuccino ganz auf die italienische Art.

Leonardo lässt grüßen

Antica Locanda Leonardo D 4

Wie ein Privathaus mutet das von einer polyglotten Japanerin geführte Hotel an. Die meisten Zimmer liegen über dem begrünten Innenhof, in dem man auch sehr gemütlich sitzt. Zum namengebenden Leonardo bzw. einem seiner Hauptwerke ist es nicht weit: Gleich neben der Locanda steht die Kirche Santa Maria della Grazie mit da Vincis berühmtem ›Letzten Abendmahl‹ im Refektorium.

Corso Magenta 78, T 02 48 01 41 97, www.anticalocandaleonardo.com, DZ ab 135 €

Ein Palazzo mitten in der Stadt

Antica Locanda dei Mercanti

Karte 2, E/F 4

Luftig, hell und individuell eingerichtet sind die 15 Zimmer der Antica Locanda dei Mercanti im Herzen von Mailand. Bücherregale und frische Blumen verleihen allen Räumen eine persönliche Atmosphäre. Am schönsten sind die Zimmer, zu denen eine eigene kleine Terrasse mit vielen Pflanzen gehört. Es gibt auch drei Suiten mit Küche und Platz für die ganze Familie.

Via San Tomaso 6 (2. Etage), T 02 805 40 80, www.locanda.it, DZ ab 205 €

Wie zu Großmutters Zeiten

Antica Locanda Solferino F 2/3

Obwohl es nur zwei Sterne vorweisen kann, hat das intime, französisch anmutende 11-Zimmer-Hotel im Brera-Viertel eine Fangemeinde unter Journalisten und Models (früh reservieren!). Altmodisch oder Vintage? Das Interieur ist auf jeden Fall très charmant. Frühstück wird auf dem Zimmer serviert, die Zeitung gebracht. Alleinreisende Frauen bekommen Rabatt.

Via Castelfidardo 2, T 026 57 01 29, www.anticalocandasolferino.it, DZ ab 160 €

Ruhe und Entspannung

Bed and Bread B 5

Nichts spräche dagegen, den ganzen Tag in dem Anfang des 20. Jh. gebauten, ruhig gelegenen Haus mit drei Zimmern (alle mit Bad) zu verbringen. Im gemeinsamen Wohnzimmer können die Gäste in Büchern schmökern und Musik hören. Hausherrin Donata gibt gute Tipps – köstlich auch ihre selbst gemachten Marmeladen und Kuchen zum Frühstück.

Via Vetta d'Italia 14, T 02 46 82 67, mobil 33 38 39 64 41, www.bedandbread.it, DZ 120 €

Zentral, ökologisch und mit Sauna

Bio City Hotel nördlich H 1

Das kleine, liebevoll geführte Hotel liegt nur 800 m vom Hauptbahnhof entfernt. Umweltbewusstsein und Nachhaltigkeit sind hier die Leitmotive – von der Gestaltung bis hin zur Reinigung. Jedes Zimmer ist in einer anderen Ökofarbe gestrichen und zum Frühstück gibt es natürlich Bioprodukte. Wenn Sie nicht gerade im Sommer in Mailand sind, ist die Sauna sicher angenehm.

Via Edolo 18, T 02 66 70 35 95, www.biocityhotel.net, DZ ab 79 €

Sich wie zu Hause fühlen

CasaTitta Bed & Breakfast

nördlich F 1

Die Inhaberin spricht perfekt Englisch und gibt Ihnen das Gefühl, ihr persönlicher Gast zu sein. Zentral liegt das B & B zwar nicht, aber es ist gut angebunden. Die vier Zimmer mit Bad sind völlig unterschiedlich gestaltet, aber alle mit Gespür für Farbwirkungen: Cobalt, Jade, Sand, Pistachio – schon die Namen lassen erkennen, welcher Ton jeweils dominiert. Hier könnte man länger verweilen – und dann gäb's sogar noch Rabatt.

Via Giulio Belinzaghi 21, mobil 34 79 27 33 84, www.casatitta.it, DZ ab ca. 100 €

Weltoffen und international

Gogol Ostello C 1

Überall in dem kleinen Hostel mit 24 Betten liegen Bücher zur Lektüre aus und ein reiches Kulturprogramm bringt die Gäste mit den Bewohnern des *quartiere* zusammen. Im zugehörigen Caffè Letterario, das auch Nicht-Gästen offensteht, gibt's morgens Frühstück und Do, Fr und Sa abends eritreische Gerichte zu 9 €. Die muss man allerdings vorbestellen. Ein heller, farbenfroher und lebendiger Ort.

Via priv. Chieti 1/Ecke Via Piero della Francesca, T 02 36 75 55 22, www.gogolostellomilano.com, im 4-Bett-Zimmer 30 € pro Pers., DZ 40 € pro Pers.

Gut angebunden

Hotel XXII Marzo J 5

Ein einfaches Hotel mit kleinen Zimmern, doch ausgestattet mit allem, was man so braucht – auch WLAN. Die Freundlichkeit des Personals macht kleinere Schwächen wett (die Zimmer sind zum Teil etwas hellhörig). Gutes Frühstücksbuffet. 15 Min. zu Fuß zum Dom, Bus und Tram vorm Hotel. In der näheren Umgebung können Sie Restaurants und Läden entdecken, die nicht touristisch sind.

Piazza Santa Maria del Suffragio 3, T 02 70 10 70 64, www.hotel22marzo.com, DZ ab 60 €

Mix aus Vintage und fernen Ländern

La Favia Four Rooms E 2

Fabio und Marco sind viel in der Welt herumgekommen und haben ihre gesammelten Erfahrungen, allerlei mitgebrachte Stücke und viel Liebe in ein B & B gesteckt, das sie in einem Haus aus dem 19. Jh. eröffnet haben. Ihr Gespür für Stil und die Wünsche von Reisenden offenbart sich in vielen kleinen Details. Zwei der vier Zimmer, alle mit eigenem Bad, haben eine eigene Kochecke. Frühstücken können die Gäste auf der Terrasse oder bei schlechtem Wetter auf der Veranda.

Via Carlo Farini 4, mobil 34 77 84 22 12, www.lafavia4rooms.com, DZ mit Frühstück ab 100 €

Zwei Schritte vom Park

Lancaster C 3

Brauchen Sie das morgendliche Joggen wie das täglich Brot? Dann ist das Hotel Lancaster perfekt, denn es liegt nur wenige Schritte vom Parco Sempione entfernt. Für das Gegenteil – die Kalorienzufuhr – finden sich dann genug Lokale am nahen Arco della Pace. Manche Zimmer haben sogar einen kleinen Balkon.

Via Abbondio Sangiorgio 16, T 02 34 47 05, www.hotellancaster.it, DZ ab 100 €

Persönliche Atmosphäre

Libeccio J 3

›Libeccio‹, wie der Wind aus dem Süden, aus dem Maria kommt, heißt dieses kleine B & B. So warm und herzlich werden Sie auch von Maria und Matteo, die gegenüber wohnen, empfangen. Die zwei Zimmer haben ein gemeinsames Bad und eine Küche, in der ein einfaches Frühstück mit Joghurt und frischem Obst serviert wird. Auf besondere Wünsche geht Maria gern ein. Fernseher? Fehlanzeige. Aber für Leseecken und Bücher ist gesorgt.

Via Eustachi 12, mobil 32 09 21 67 58, www.libeccio-bbmilano.it, DZ ab 80 €

Direkt am Kanal

Maison Borella D 7

Typisch mailändisch: die Häuser mit den umlaufenden Balkonen. Das Maison Borella ist so eine *casa a ringhiera.* Vor der Umwandlung in ein Hotel wurde sie umgebaut und von Grund auf renoviert. Manche Wände wurden nicht wieder verputzt – und auch die Holzbalkendecken liegen zum Teil frei. Über den Balkon kommt man in die komfortablen Zimmer, einige liegen zum Kanal.

Alzaia Naviglio Grande 8, T 02 58 10 91 14, www.hotelmaisonborella.com, DZ ab 170 €

Zentral, international und jung

Ostello Bello Karte 2, E 5

Ein Lichtblick im teuren Mailand. Hell und freundlich eingerichtet, mit Küche und herrlich duftender Kräuterterrasse. Im Souterrain befindet sich ein gemütliches Wohnzimmer, in dem oft Konzerte stattfinden. Ein Ort für Begegnungen mit Mailändern und Reisenden aus der ganzen Welt. Die beliebte Bar ist von 8 bis 1 Uhr nachts auch für Nicht-Gäste geöffnet – für Gäste rund um die Uhr. Mittags gibt's einfache Gerichte ab 4 €.

Via Medici, 4, T 02 36 58 27 20, www.ostellobello.com, im 6- bzw. 8-Bett-Zimmer 35/25 € pro Pers. mit Frühstück, DZ ab 80 €

Mittendrin und doch ruhig

Genius Downtown Karte 2, E 4

Angesichts der Lage zwischen Dom und Castello wäre es nicht verwunderlich, wenn hier der ›Bär steppen würde‹. Aber

Ostello Bello: Bunte Vielfalt ist das Motto – vom Mobiliar bis zur Atmosphäre.

glücklicherweise liegt das deutsch-portugiesisch geführte Hotel in einer ruhigen Seitengasse der Via Dante. Die Zimmer sind nicht sehr groß, sind aber geschickt eingerichtet. Zum Frühstück gibt's viel Auswahl – frische Früchte und Müsli & Co. inklusive.

Via Porlezza 4, T 02 72 09 46 44, www.geniushoteldowntown.com, DZ ab 90 €

Zwei Schritte von den Navigli
Residence Aramis Milan Downtown D 6

Wenn Sie sich trotz der vielen Lokale im Navigli-Viertel mal etwas kochen wollen, ist das im Aramis kein Problem, denn alle Zimmer haben eine kleine Kochnische. Das Frühstück müssen Sie sich ohnehin selbst zubereiten oder Sie gehen in eine der nahe gelegenen Bars. Keine Selbstverständlichkeit und deshalb umso schöner: Jeden Tag bekommen Sie frische Blumen und frisches Obst. Wichtig: Den Gratis-Parkplatz muss man vorab buchen.

Via Mortara 2, mobil 34 00 84 85 90, www.residencearamismilandowntown.com, DZ ab 90 €

Ein Bauernhof mitten in der Stadt
Un Posto a Milano J 7

Aus einem großen, restaurierten Bauerngehöft aus dem 17. Jh., das wie durch ein Wunder zwischen Neubauten erhalten blieb, ist ein spannendes Projekt geworden: Cascina Cuccagna (www.cuccagna.org). Neben einem Restaurant und einer Bar gehört das Hostel Un Posto a Milano mit 16 Betten dazu. Einmal in der Woche findet ein Bauernmarkt statt und Konzerte und andere Events werden organisiert – alles mit viel Engagement.

Via Cuccagna/Ecke via Muratori, T 02 545 77 85, www.unpostoamilano.it, im Mehrbettzimmer ab 35 € pro Pers.

Asien in Mailand mal zwei
Vietnamonamour K 2 und nördlich G 1

Christiane Blanchet, Historikerin mit vietnamesischen Wurzeln, hat zusammen mit ihrem italienischen Mann Dario ein Stück Vietnam nach Mailand gebracht. Wie in den Kolonialhäusern wird in den Zimmern ihres B & B oben geschlafen und unten gegessen. Praktisch: Im Erdgeschoss des Hauses ist ein vietnamesisches Restaurant – Chefin: Christiane Blanchet. Wegen des großen Erfolgs haben sie und Dario im Stadtteil Isola eine Dependance aufgemacht.

Via Pestalozza 7/Via Taramelli 67, T 02 70 63 46 14, www.vietnamonamour.com, DZ 100 €

Genuss alla milanese

Die Mailänder lieben es essen zu gehen. Über die ganze Stadt verteilt gibt es unglaublich viele Restaurants, Trattorie und Osterie und es eröffnen ständig neue. Darunter sind superteure Gourmet-Tempel mit berühmten Sterne-Köchen, aber auch empfehlenswerte einfachere Lokale. Zuwanderer aus ganz Italien und aus fernen Ländern haben das gastronomische Angebot sehr erweitert. Ein besonderes Merkmal der italienischen Küche ist ihre Einfachheit. Die meisten Gerichte haben nur wenige Ingredienzen – eine hohe Qualität und die jahreszeitliche Verwendung sind wichtig.

Typische mailändische Gerichte sind die verschiedenen *risotti* mit dem Reis aus der Po-Ebene. Der berühmteste, *risotto alla milanese,* ist der goldgelbe Safranreis. *Cassoela* (Schwein mit Wirsing) ist ein beliebtes Wintergericht, wie auch die Polenta zu Schmorbraten und Pilzen. Als mailändisch gilt auch die *cotoletta alla milanese.* Die Diskussion, ob das ›Wiener Schnitzel‹ eigentlich aus Mailand kam, ist endlos. Niemand allerdings macht Mailands Weihnachtskuchen, dem *panettone,* den Ruhm streitig.

Das Käseangebot ist groß und verlockend: *gorgonzola* nach dem gleichnamigen Ort östlich von Mailand, *grana* (ähnlich wie Parmesan) und *mascarpone* kommen aus der Bassa, dem Flachland südlich von Mailand. *Taleggio* und viele andere köstliche Kuhmilch-, Schaf- und Ziegenkäse stammen aus den Tälern im Norden.

Es wird gegessen, was auf den Tisch kommt! (P. S.: In Mailand ist das meist superlecker.)

ZUM SELBST ENTDECKEN

In vielen Restaurants – auch einigen teuren Gourmettempeln – gibt es unter der Woche mittags ein **Businesslunch** zu einem annehmbaren Preis, z. B. bei Alice c/o Eataly (► S. 100; 47 €). Eine kleine Fressstraße ist die **Via Muratori** (🕮 H/J 7). Dort finden Sie vom Weinlokal (Il Cavallante, Nr. 3) über das vegetarische Restaurant (MAM Milano Amore Mio, Nr. 7) bis hin zur römischen Osteria (Giulio Pane e Ojo, Nr. 10) und zur italienischen Sushibar (Itashi, Nr. 10a) eine große Palette an Lokalen.

Viele Mailänder essen mittags nur ein **Brötchen.** Beste Zutaten und viel Fantasie müssen drinstecken, so wie in den Brötchen von Paninolab, Via Montevideo 8; Panino Giusto, Corso Garibaldi 125, Via Malpighi 3, Piazza XXIV Maggio 4; Bar Quadronno, Via Quadronno 34; De Santis, Corso Magenta 9.

SO BEGINNT EIN GUTER TAG IN MAILAND

Frühstücksadressen wie in Deutschland gibt es in Italien nicht, nur in den Hotels bekommen Sie ein Frühstück, wie Sie es kennen. Italiener gehen in eine Paticceria, trinken einen Kaffee und essen eine Brioche – und das meist im Stehen. Am Tresen kostet ein *caffè* ca. 1 €, ein Cappuccino ab 1,30 €, eine Brioche zwischen 1,20 € und 2 €.

Milch und mehr

Biancolatte Karte 2, G 3

Latterie (Milchläden) haben in Mailand Tradition als Orte, wo man Milchprodukte kauft und oft auch gut isst – so wie hier. Schon die Frühstücksauswahl kann sich sehen lassen. Süß oder vitaminreich, opulent oder kalorienarm – das können Sie ganz nach Gusto entscheiden. Zum Brunch am Wochenende wird die Palette noch erweitert. Schön auch das milchweiße Ambiente. Das gibt ein Gefühl von Leichtigkeit – dazu passt auch die freundlich-heitere Stimmung des Personals.

Via F. Turati 30, T 02 62 08 61 77, www.biancolatte.it, tgl. 7.30–24, Sa, So ab 8 Uhr

Zum Frühstück ein Buch?

La Caffetteria in der Libreria del Mondo Offeso Karte 2, E 3

Diese Cafeteria gehört zu einer kleinen Buchhandlung – einer der wenigen unabhängigen –, die vor allem italienische Literatur des 20. Jh. führt. Die Atmosphäre erinnert ein bisschen an die Pariser Cafés Litteraires. Bei schönem Wetter sitzt man auf einem der reizvollsten Piazze im Brera-Viertel. Zum Frühstück stehen neben dem klassischen Cappuccino mit Brioche auch Obst, Joghurt, Brot mit Marmelade und Kuchen zur Wahl.

Piazza S. Simpliciano 7, T 02 36 52 07 97, www.libreriadelmondooffeso.it, Di–Fr 8–20, Sa 10–20, So 10–19 Uhr

Für Hipster, Mütter, Kinder …

Pavè H 2

Von allen gelobt, von allen geliebt wird das von drei Freunden eröffnete Pavè, denn es ist gemütlich, hell und freundlich und die Qualität hervorragend. Hinter der Glaswand sieht man die Bäcker bei der Arbeit. Sie zaubern Feingebäck und eine große Auswahl an Croissants, Brioches, Pains au Chocolat sowie vegane Backwaren. Hier bekommen Sie zum Frühstück auch Brot mit Marmelade.

Via Felice Casati 27, www.pavemilano.com, T 02 94 39 22 59, Di–Fr 8–20, Sa, So 8.30–19 Uhr

International

Sissi J 4

Nein, es sind keine Österreicher, die hier Backkunstwerke nach Habsburger Rezepten fabrizieren. Vielmehr wurde die Konditorei vor über zwei Jahrzehnten von einem italienisch-senegalesischen Paar gegründet, das sein Handwerk in Frankreich gelernt hat. Die Beliebtheit von Sissi als Frühstücksbar verdankt sich u. a. einem der besten *cappuccini* der Stadt. Dazu bekommen Sie Brioches, Kuchen und Gebäck in 1a-Qualität. Drinnen ist alles in Rosa getaucht, draußen gibt's eine kleine Gartenterrasse.

Piazza Risorgimento 6, T 02 76 01 46 64, Mo 6.30–12, Mi–So 6.30–20 Uhr

English Breakfast

That's Bakery D 7

Sie wollen auf nüchternen Magen endlich mal mehr als das klassische italienische Frühstück sehen? Bei That's

ZUM FRÜHSTÜCK INS MUSEUM

Möchten Sie gleich ins Museum und an Ort und Stelle frühstücken? Dann gibt es verschiedene Möglichkeiten, alle in besonderem Ambiente: **Bar Luce** in der **Fondazione Prada** (ab 9 Uhr, Di geschl.); **Caffè** in der **Triennale** (T 39 29 13 66 83, Di–So ab 10 Uhr); **Dopolavoro Bicocca** im Hangar Bicocca (T 02 643 11 11, Mi–So ab 10 Uhr); **Rotonda Bistro** in der **Rotonda della Besana** (tgl. ab 9.30 Uhr, T 02 55 01 14 04, www.rotondabistro.it).

Bakery, zwei Schritte von den Navigli, gibt es auch Muffins, Pancakes und die so populär gewordenen Cupcakes, außerdem *porridge* und sogar Omlettes, *scrambled* und *fried eggs*. Das Ambiente ist dementsprechend *english* bzw. *american style*. Die Farben sind die des Cappuccinos, weiß und braun.

Via Vigevano 41, T 02 839 48 90, www.thatsbakery.com, Di–Sa 8–24, So 10–22 Uhr, Pancake 3,50 €, Nutella & Jam Breakfast 5 €, Omelett 5 bzw. 8 €

WO ESSEN AUF NACHHALTIGKEIT TRIFFT

Vegan & vegetarisch nach Gewicht

Alhambra Risto Veg H 2

Ein kleines Lokal mit guter Auswahl an veganen und vegetarischen Gerichten – und nicht zu teuer. Salvators und Elenas Liebe zum Kochen ist der Geschmacksverstärker. Sie können sich einen Teller zusammenstellen lassen und zahlen nach Gewicht (dem des Tellers …).

Via San Gregorio 17, T 02 39 43 27 50, http://alhambranaturale.wix.com/alhambra, Mo–Sa 12–15, 19.30–23 Uhr, So nur abends

Größe im Kleinen

La Vecchia Latteria Karte 2, F 5

In der einfachen, kleinen, weiß gekachelten Latteria mit familiärer Atmosphäre kann man nur mittags essen. Francescas vegetarische Gerichte schöpfen aus der italienischen Tradition: z. B. *Melanzane alla parmigiana*, Tagliatelle mit Kürbisblüten und Safran oder Gnocchi mit Gorgonzola.

Via dell'Unione 6, T 02 87 44 01, auf Facebook, Mo–Sa Küche 11–16 Uhr, *primi* ab 8 €, Menü ca. 20 €

Vom Acker und Beet auf den Tisch

Erba Brusca südlich D 8

Eine entspannte, ländliche Atmosphäre herrscht in diesem Biorestaurant, das zu einem etwas weiter außerhalb gelegenen Biohof gehört. Wer draußen sitzt, sieht direkt, wo die Kräuter für die Speisen herkommen: aus den Beeten gleich neben der Terrasse. Chefin Alice Delcourt sprüht vor Ideen und kreiert originelle Gerichte. Es gibt ein Überraschungsmenü ›Carte Blanche‹ für den ganzen Tisch.

Alzaia Naviglio Pavese 286, T 02 87 38 07 11, www.erbabrusca.it, Mi–So mittags und abends, 4-Gänge-Menü 30 €, 6-Gänge-Menü 40 €

Der begrenzte Raum schafft eine intensive Atmosphäre: La Vecchia Latteria.

DIE RECHNUNG, BITTE!

Getrennte Rechnungen sind in Italien nicht üblich. Man teilt die Summe unter den Anwesenden auf oder legt seinen Teil dazu. Auf der Rechnung wird *pane e coperto*, ›Brot und Gedeck‹, meist extra ausgewiesen. Man sollte nur Gerichte mit einer Preisangabe bestellen, um keine bösen Überraschungen zu erleben. Und man braucht immer eine Quittung *(ricevuta)*, denn kontrolliert die Steuerfahndung den Gast, macht sich dieser ohne eine solche strafbar. Achtung: Die über den Kassen ausgehängten Preislisten in Bars gelten nur für den Konsum an der Theke. Am Tisch kann der Preis erheblich höher sein!

Vegetarischer Sternekoch

Joia H 3

Auch vegetarische Köche schaffen es inzwischen bis ganz nach oben. Bestes Beispiel: Chefkoch Pietro Leemann, der das Gourmetrestaurant Joia seit über 20 Jahren betreibt. Seine Wandlung vom ›Allesfresser‹ zum überzeugten Vegetarier schildert er in seiner 2015 erschienenen Autobiografie. In der angeschlossenen Kochschule gibt er sein Wissen weiter.

Via P. Castaldi 18, T 02 29 52 21 24, www.joia.it, Mo–Sa 12–14.30, 19.30–23 Uhr, Menü ab 85 €

Bio im alten Milchladen

Noi Due E 7

Das kleine vegetarische Biorestaurant befindet sich in einer der beliebten, seinerzeit aus hygienischen Gründen komplett gekachelten *latterie*. Hier scheint die Zeit stehen geblieben zu sein – manchmal im wahrsten Sinne des Wortes: Auf die liebevoll zubereiteten Gerichte wartet man gelegentlich etwas länger. Zu Trinken gibt es verschiedene Kräutertees. Auch veganes Essen.

Viale Col di Lana 1, T 02 58 10 15 93, www.trattorianoidue.it, tgl. 19.30–23 Uhr, Sa, So auch mittags, ab 20 €

Some like it raw

Mantra H 3

Die Stromkosten dürften sich für Alberto Minio Paluello, den Chef dieses Lokals, sehr in Grenzen halten, denn hier sind die Speisen nicht nur vegan, sondern werden auch roh dargereicht. Erstaunlicherweise kommt beileibe nicht nur Salat auf den Teller, sondern auch Lasagne, Ravioli, Calamari – in Form von Zucchini, Pilzen usw. Mantra ist das erste raw-vegane Lokal in ganz Italien. Es liegt in einer Gegend mit vielen ethnischen Restaurants. Angeschlossen ist ein Laden für Raw-Veganes.

Via Panfilo Castaldi 21, T 02 89 05 85 75, www.mantrarawvegan.com, Mo–Sa 12–24, Küche 12–15, 19–23 Uhr, Hauptgerichte ab 10 €

Gesund und munter ohne Chemie

NaturaSì Karte 2, D 6

Das Restaurant NaturaSì wurde von einer Biomarktkette eröffnet. Zum Morgenkaffee gibt es Biocroissants und eine ›kleine‹ Frühstückskarte, mittags ein Menü mit reicher Salatauswahl, leichten *primi* und *secondi* und abends Fisch-, Fleisch- und vegetarische Gerichte. Mittags kann man auch Pizza essen.

Via De Amicis 45, T 02 36 69 92 15, www.naturasi.it, Mo 11.30–15.30, Di–Sa 11.30–15.30, 18.30–23.30 Uhr, Salate ca 7/11 €, Pizza 12,50 €, *secondi* abends 14/16 €

INSTITUTIONEN UND SZENETREFFS

Grün im und um den Teller

Al Fresco C 6/7

Da haben sich zwei gefunden und einen besonderen Ort erschaffen: Emanuele mit seiner Leidenschaft für Gärten und Ferdinando mit seiner Liebe zum Kochen. Früher kam Emanuele mittags auf einen Happen zu essen in Ferdinandos Weinbar vorbei. Irgendwann entstand dann die Idee für das helle, freundliche Restaurant mit seinem faszinierenden Garten. Chefkoch Marco Pirotta mixt Tradition mit Gewürzen und Kräutern aus aller Welt.

Via Savona 50, T 02 49 53 36 30, www.alfrescomilano.it, Di 12.30–15.30, Mi–So 12.30–15.30, 19.30–0.30 Uhr, ab 45 €

Pizzeria oder Trattoria?

Da Martino (🍴) E 2

Die *pizza al trancio* (ein Pizzastück von einem großen Blech) ist köstlich, doch die meisten kommen, um Sergios berühmte *cotoletta* (Kotelett) zu essen. Auch die *Fiorentina* (ein T-Bone-Steak) ist empfehlenswert. Die Portionen sind groß, die Preise für Mailänder Verhältnisse klein.

Via Farini 8, T 02 655 49 74, Do–Di 12–14.30, 19–22.30 Uhr

Mit lauschigem Garten

Osterialnove (🍴) nördlich F 1

Osterialnove ist eine traditionelle Osteria mit langen Holztischen und einer im Sommer offenen Veranda mit Blick auf einen kleinen Garten. Bekannte Gerichte werden einfallsreich variiert; viel Fisch und eine gute Weinauswahl.

Via Tahon de Revel 9, T 02 66 82 51 62, www.osterialnove.com, Mo–Fr 12–15, 20–23, Sa nur 12–15 Uhr, So geschl., ca. 40 €

Japanischer Italiener

Fiore (🍴) C 7

In dem modern und farbenfroh eingerichteten Lokal – einer Mischung aus Bar, Tabacchi-Laden und Trattoria – schwingt ein Japaner den Kochlöffel. Trotzdem: Sushi & Co. erwartet Sie hier nicht, sondern kreative italienische Küche – Fisch kommt dabei nicht zu kurz. Und die Pastavariationen sind echte Hingucker – und ›Hinschmecker‹.

Via Savona 39, T 02 48 95 53 82, Mo–Sa 6–ca. 24, Küche 12–15, 19.30–23 Uhr, ab 35 €

Originelle Kombinationen

Rebelot del Pont (🍴) D 7

Lassen Sie sich überraschen mit drei Tellerchen für 25 € oder gar mit einem vier- oder fünfgängigen Menü zu 42 € bzw. 48 € (pro Pers., jeweils für den ganzen Tisch). Die Küche ist grundsolide in ihrer Substanz und zugleich höchst einfallsreich. Chefkoch Mauricio Zillo hat bei den besten seines Metiers gelernt, u. a. bei Paul Bocuse.

Ripa di Porta Ticinese 55, T 02 84 19 47 20, www.rebelotdelpont.com, Mi–Mo 18–2, So 18–24 Uhr

Pesto an der Bocciabahn

U Barba (🍴) J 7

U Barba bedeutet auf Genuesisch Onkel, und familiär will die genuesische Osteria auch sein. Im Sommer isst man im Frei-

EINMAL IST KEIN MAL – PIZZA ESSEN IN MAILAND

In den meisten Pizzerien geht das Angebot über Pizza hinaus. Zu empfehlen ist, erst vom Vorspeisenbuffet zu kosten und dann die Pizza zu essen. Dazu trinken die Italiener Bier (Pizza und ein Bier ca. 15–20 €). **Pizza Am** ist eine kleine Pizzeria mit einer sehr begrenzten Auswahl von Pizzas aus besten Zutaten. Fast immer voll, aber das Warten lohnt sich ((🍴) G 6, Corso di Porta Romana 83, T 02 551 05 79, www.pizzaam.it, Di–So 12–15, 19–23 Uhr). Seit über 30 Jahren gibt es **Biagio,** eine echt neapolitanische Pizzeria mit zwei kleinen Sälen ((🍴) D 4, Via Vincenzo Monti 28, T 02 498 71 66, So–Fr 12.15–14.30, 19.15–23.30 Uhr). Versuchen Sie von **Grand'Italia** mal die *pizza al trancio* (Pizzastück vom Blech; es schmeckt anders als die dünne, runde Pizza, ab 5 €). Die Einrichtung erinnert eher an einen Pub ((🍴) Karte 2, F 3, Via Palermo 5, T 02 87 77 59, tgl. 12–15, 19–1 Uhr). Wer hätte gedacht, dass eine Bäckerei trendy werden könnte? **Princi** bietet an der Piazzale Istria und an anderen Stellen in Mailand Pizza u. v. m. zum Direktverzehr ((🍴) F 2, Largo La Foppa 2, T 026 59 90 13, www.princi.it). **Spontini** gehört mittlerweile zu einer Kette mit mehreren über die Stadt verteilten Lokalen. Sie werden viel besucht, denn die *pizza al trancio* ist gut und günstig ((🍴) J 2, Via Spontini 4, T 022 04 74 44, www.pizzeriaspontini.it, Di–So 12–14.15, 18–23.30 Uhr).

Ort für blumige Ausreden oder Anträge mit Rosenstrauß: Fiorario Bianchi Caffè.

en auf der Veranda neben einer alten Bocciabahn, sonst im gemütlichen, mit Vintagemöbeln und langen Holztischen eingerichteten Lokal. Auf den Tisch kommt traditionelle ligurische Küche, hausgemachte Pasta, Ravioli, *focaccia di recco* (mit Käsefüllung), *trofie al pesto.* Sie können Pasta, Pesto usw. übrigens auch zum Mitnehmen kaufen.

Via Decembrio 33, T 02 45 48 70 32, www.ubarba.it, Di–So 19–23, Sa, So auch 12–15 Uhr, ca. 30 €

Familienbetrieb

Trattoria della Gloria D 7/8

Kleine, liebevoll eingerichtete Trattoria mit Gerichten aus Süditalien – die Besitzerin Carmine stammt aus Kampanien. Aber es gibt auch Gerichte aus dem Friaul und Norditalien. Carmines Mutter Gloria steht am Herd, ihre Tochter und sie selbst betreuen die Gäste. Viel frisches Gemüse, da kommen auch Vegetarier auf ihre Kosten.

Via Pichi 5, T 02 45 47 47 10, So geschl., Mittagsgericht 8 €, abends 25/30 €

Arturos Kochkunststücke

La Latteria Karte 2, F 3

Bei Journalisten und Fernsehleuten beliebtes Restaurant mit wenigen einfachen Tischen (die man leider nicht reservieren kann) und hervorragender Küche: Probieren Sie doch mal die *crudaiola all'Arturo,* rohes, püriertes Gemüse mit warmem Bulgur, oder den *nodino alla sassi* (Kalbsfleisch) – und dann noch die selbst gebackenen Kuchen. Es lohnt sich, auf einen freien Tisch zu warten.

Via San Marco 24, T 026 59 76 53, Mo–Fr 12.15–14.30, 19.30–21.30 Uhr, feiertags geschl., ca. 40 € (keine Kreditkarten)

Zu Tisch in einem Blumenladen

Fiorario Bianchi Caffè Karte 2, F 3

Bianchi war in Mailand seit jeher bekannt für seine Blumen. Nun treffen sich die Mailänder hier, um an kleinen Tischchen zwischen bunten Blumensträußen im Vintage-Ambiente einen Aperitif, das Mittag- oder das Abendessen zu genießen. Die traditionellen Speisen erhalten durch moderne Kochkunst eine frische Note.

Via Montebello 7, T 02 29 01 43 90, www.fioraiobianchicaffe.it, Mo–Sa 8–24 Uhr, mittags ca. 25 €, abends ca. 60 €

Lombardisch kreativ

Ratanà F/G 1

Ein Zwerg unter Giganten: Rund um das Restaurant Ratanà sind Wolkenkratzer

in die Höhe geschossen. Seltsam klein wirkt nun die in einem Garten gelegene Jugendstilvilla. Die lombardischen Gerichte werden aus sorgfältig ausgewählten Zutaten gekonnt zubereitet. Chefkoch Cesare Battisti ist ein Risotto-Spezialist.
Via de Castillia 28, T 02 87 12 88 55, www.ratana.it, Küche tgl. 12.30–14.30, 19.30–23.30 Uhr, ca. 45–50 €

EXPERIMENTIERFREUDIG UND UNGEWÖHNLICH

In der Tram essen
ATMosfera
Hier brauchen Sie keinen Fahrschein, denn die alte Straßenbahn hat eine Verwandlungskur durchgemacht und dient nun als Speisewagen. Man kehrt wie in einem richtigen, eleganten, altmodisch eingerichtetem Restaurant mit nur 24 Plätzen ein und sieht die Stadt an sich vorbeiziehen.
T 800 80 81 81, www.atm-mi.it, 70 € pro Pers.

Komponieren Sie Ihr Essen selbst
La Cucina dei Frigoriferi Milanesi östlich K 5
Der Palazzo dei Frigoriferi, in dem einst Kühleis hergestellt wurde, und ein benachbarter Jugendstil-Schlittschuhpalast bilden heute ein vielseitiges Kulturzentrum. Da darf natürlich die Esskultur nicht fehlen. In einem hellen, modernen Raum gibt es Mittagessen für 14 € und abends ein ›destrukturiertes‹ Essen, d. h. Sie können die Speisen selbst kombinieren.
Via Piranesi, 10, T 02 739 82 45, www.lacucinadeifrigoriferimilanesi.it, Mo–Fr 9–15.30, 20–0.30, Küche 12.15–14.15, 20–22.30 Uhr, Sa nur abends, 1 Teller 16 €, 2 Teller 28 € usw.

Streetfood schon seit 1967
Giannasi H 7
Berühmt für seine Grillhähnchen, aber es gibt auch Lasagne, Pommes und verschiedenes Gebratene. Bei schönem Wetter sitzen viele auf dem Mäuerchen an der Piazza und verzehren dort die Hähnchen.
Piazza Buozzi, T 02 58 32 11 14, www.giannasi1967.it, Mo–Sa 7–20 Uhr

Markt mit Küche
Mercato del Suffragio J 5
In dem überdachten Markt bekommen Sie nicht nur qualitativ gutes Obst und Gemüse, Biobrot, Wurst, Käse, Fisch etc. sowie Eis, sondern können auch an Ort und Stelle an kleinen Tischen etwas essen.
Corso XXII Marzo 20, auf Facebook, Di–So 7.30–23 Uhr

Mama, ich bin dir nicht treu
Sorry Mama G 6
Lasagne isst man normalerweise nur bei Mama. »Sorry Mama, ich gehe fremd«, heißt es deshalb. Denn diesem Lokal gibt es ausschließlich Lasagne – in ungewöhnlichen Kombinationen mit Pistazien, Pesto oder Gemüse. Natürlich steht auch die klassische Lasagne mit Ragu und Bechamelsoße auf der Karte. Täglich andere Variationen zum Mitnehmen oder zum Sofortverzehr.
Corso di Porta Romana 79, T 02 87 39 66 53, www.sorrymama.it, tgl.12–15, 18–22 Uhr, um die 7 € pro Portion

Essen ist fertig!

Italienisch-chinesische Mischung
Ravioleria Sarpi D/E 2
Wie der Name schon sagt, gibt es hier fast nur Ravioli (außerdem auch chinesische Crêpes und Tempura). Alles wird vor Ihren Augen in der winzigen Küche zubereitet. Das Fleisch kommt vom renommierten Fleischer Sirtori nebenan, Mehl, Eier und Gemüse von Biohöfen. Schnell hat sich rumgesprochen, dass die Ravioli von Agie, eines chinesischen Absolventen der Bocconi-Universität die besten der Stadt sind und oft bilden sich Schlangen vor dem Laden. Es gibt

nur drei Arten: mit Rind, Schwein oder nur Gemüse. Und man verzehrt sie auf der Straße.

Via Paolo Sarpi 27, mobil 331 887 05 96, tgl. 9–15, 16–21.30 Uhr, Crêpes ab 3,50 €, kleine Portion Ravioli ca 3 €

Vegan friendly

Valà Karte 2, D 6

Einige Einrichtungsdetails erinnern an Film- oder Theaterrequisiten, denn Va (Valentina) aus der Emilia Romagna und La (Laura) aus Sizilien arbeiteten in dieser Branche, bevor sie ihr Valà eröffneten und sich mit Erfolg der Gastronomie widmeten. An kleinen grünen Tischen oder am langen weißen Holztisch mit liebevoll zusammengewürfeltem Geschirr, können Sie noch spät frühstücken – mit Kuchen, Muffins und veganem Cappuccino – und mittags und abends leckere, frische Gerichte essen. Eine Spezialität aus dem modenesischen Apennin sind die *crescentine*, kleine, runde, frittierte und gefüllte Teigtaschen (ab 5 €).

Via Daniele Crespi 14, T 02 91 63 60 95, Di–Fr 11–15.30, 18–23.30, Sa 10–16, 18–23.30 Uhr, *primi* ab 7,50 €, *secondi* ab 10 €

Ist es der Name Zen?

Mangiari di Strada – Marcelleria Popolare E 7

Der Fleischer Giuseppe Zen ist davon überzeugt, man solle gesund und bio esse – und nur wenig Fleisch, dann allerdings nur bestes Biofleisch von Tieren, die auf einer Weide standen. Hier in der überdachten Markthalle können Sie an seinem Stand nicht nur hervorragendes Fleisch kaufen, sondern sich aus der angrenzenden Küche köstliche Fleischgerichte holen und sie dann am Hafenbecken, der Darsena, verzehren. Erst 2016 wurden der Käsestand und die Bäckerei mit Bioprodukten von Mangiari di Strada eröffnet. Wer den weiten Weg nicht scheut, kann das zugehörige Restaurant besuchen (Via Lorenteggio 269, südwestlich A 7).

Piazza XXIV Maggio 105, T 02 70 12 91 38, www.mangiaridistrada.com, Di–So 9–23 Uhr, Brötchen mit *Svizzera* (Hamburger) 6 €, mit dem New Yorker Fleisch-Kultgericht Pastrami 9 €

EIS-KALT ABSERVIERT

In Mailand gibt es wirklich gutes Eis und das Angebot ist groß!
Ist es draußen kalt, ist bei **Chocolat** die Schokolade heiß, im Sommer gibt es sie als Eis in vielen Variationen, z. B. mit Rum oder Peperoncino (Karte 2, D 4, Via Boccaccio 9, tgl. 7.30– 1 Uhr). Die Kette **Gelateria Grom** wird nicht grundlos immer größer: Eiskrem aus frischer Milch und Bio-Eiern, Fruchteis nur aus Frischobst (C 4, Via Alberto da Giussano 1, www.grom.it, Mo–So 12–23 Uhr. Filialen: u. a. Karte 2, F 4, Via S. Margherita 16; Karte 2, E 6, Corso di Porta Ticinese 51; H 3, Corso Buenos Aires 13; H 5, Corso XXII Marzo 5).
Bei **Gelato Giusto** ist der Suchtfaktor hoch. Nachdem Vittoria in England und Frankreich die Konditorenkunst erlernt hatte, übertrug sie diese auf das Eis. Es gibt klassische Sorten wie Pistazie, Nuss usw. und originelle Kreationen wie Kürbis und Amaretto oder Kokusnusssorbet mit Mandeln (H 2, Via San Gregorio 17, T 02 29 51 02 84, www.gelatogiusto.it, Di–So 12–23 Uhr).
Exquisites, ausgefallenes Eis, z. B. Ingwer und Zimt oder Schokolade mit Rum oder Peperoncino ist das Spezialgebiet von **Il Massimo del Gelato** (C 1, Via Castelvetro 18, Mo geschl.).

Mode, Märkte und mehr

Keine Frage: Für Mode- und Designliebhaber ist Mailand ein Eldorado. Wer in der Modewelt Rang und Namen hat, stellt im ›Goldenen Karree‹ aus. Bodenständiger gibt sich der Corso Vittorio Emanuele II, die Fußgängerzone hinter dem Dom. Die gleichnamige Galleria ist eine Einkaufspassage mit glamourösen Boutiquen, Buchhandlungen und dem legendären Hutladen Borsalino.

Im Brera-Viertel, in der Via Solferino, auf dem Corso Garibaldi und dem Corso Como geht's künstlerisch-kreativ zu, während die Traditionsgeschäfte in Domnähe den Markenketten Platz gemacht haben. Die Via Torino präsentiert vor allem Mode für ein junges Publikum. In den Cinque Vie, den alten Sträßchen um die Via Santa Marta, haben sich u. a. Kunstwerkstätten angesiedelt. Auf dem Corso di Porta Ticinese herrscht ein extravagant-alternativer Stil, hier sind auch Shops von Jungdesignern. Auf dem Corso Genova sind Boutiquen mit eleganter Kleidung. Die Geschäfte des Corso Magenta sind eher klassisch. Und der Corso Vercelli bietet alles: von Gastronomie bis klassischer Mode. Über die Stadt verteilt findet man noch Läden von ›anno dazumal‹, wo das Wissen und Können von Generationen von gehütet wird.

Mailänder lieben Wochenmärkte. Wenn Sie ein oder zwei besuchen, wissen Sie warum. In Markthallen gibt es frische Ware zu kontrollierten Preisen.

Damenwahl beim (Window-)Shopping. Mode wird in Mailand nach allen Regeln der Kunst inszeniert.

ZUM SELBST ENTDECKEN

Salumerie oder **Gastronomia** heißen in Italien die Geschäfte, in denen man Feinkost, Aufschnitt und Käse, Konserven aller Art, Wein und auch frisch zubereitete Gerichte erstehen kann. Besonders bekannt sind in Mailand die Feinkostläden Peck (Via Spadari 9) und Leoni (Corso Venezia 7), aber es gibt im ganzen Stadtgebiet verteilt auch andere hervorragende, nicht ganz so teure Läden.

Design District
Die Showrooms der bekannten Möbel und Lampenfirmen wie Artemide und Luceplan, De Padova, Cassina und B&B Italia finden Sie geballt in der Gegend um die Piazza San Babila: in der Via Durini, der Via Borgogna um den und am Corso Monforte.

BÜCHER UND MUSIK

Von Frauen für Frauen
Delle Donne J 5

1975 gegründet, war der Laden der erste öffentliche Raum in Italien, der sich speziell der Literatur von Frauen widmete. Generationen von Feministinnen haben sich bei Delle Donne getroffen, diskutiert und Politik gemacht. Und auch heute noch wird man hier über alles informiert, was Frauen bewegt und interessiert.

Via Pietro Calvi 29, T 02 70 00 62 65, www.libreriadelledonne.it, Di–Sa 10–13.30, 15.30–19.30 Uhr

Mehr als eine Buchhandlung
Libreria del Mondo Offeso
Karte 2, E 3

Mit ihren viel besuchten Lesungen und anderen Kulturveranstaltungen ist diese Buchhandlung ein wichtiger Ort der Begegnung und des Gedankenaustauschs in Mailand. In der zugehörigen Cafeteria können Sie gut eine Pause einlegen – ob mit oder ohne Buch.

Piazza San Simpliciano 7, T 02 36 52 07 97, www.libreriadelmondooffeso.it, Di–Fr 8–20, Sa 10–20, So 10–19 Uhr

Klassische Musik
La Bottega Discantica
Karte 2, E 5

Große Auswahl und große Kompetenz sind hier vereint – der Idealfall eines Musikgeschäfts also. In der Bottega Discantica scheint nahezu alles an klassischer Musik vertreten zu sein, was es gibt, und Luigi Grazioli – ein wandelndes Musiklexikon – kann jeden individuell beraten. Auch Vinylplatten.

Via Nirone 5, T 02 86 29 66, www.discantica.it, Mo 15–19, Di–Sa 9.30–13, 15–19 Uhr

DELIKATESSEN UND LEBENSMITTEL

Bio und umweltfreundlich
Centro Botanico Karte 2, E 6

Centro Botanico war der erste Bioladen in Italien. Inzwischen gibt es in Mailand drei Filialen. Der neueste und größte Laden befindet sich in der Via Cesare Correnti. In der ökoschicken Biobar können Sie auch vegetarische Kleinigkeiten essen.

Via Cesare Correnti 10, Piazza San Marco 1, Via V. Monti 32, www.centrobotanico.it, Mo–Sa 10–19.45, So 15–19.30 Uhr (Aug. Mo 15–20, Di–So 9–14 Uhr)

Feinkosttempel
Peck Karte 2, F 5

Peck ist für die Mailänder der Inbegriff von Gastronomie, Schlemmen und Genuss. In diesem Delikatessentempel, einem Haus mit schöner Jugendstilfassade, findet man vom Kaviar über Käse und Fleisch bis zu Fertiggerichten und Konditoreiwaren (fast) alles, was ein Gourmet begehrt.

Via Spadari 9, www.peck.it, T 02 802 31 61, Mo 15.30–19.30, Di–Fr 9.15–19.30, Sa 8.45–19.30 Uhr

Kein Laden, eine Lebensart: Peck

Wein in Jugendstilregalen
Enoteca Cotti F 2

In Niedrigzinszeiten werden Weine verstärkt als Geldanlage gekauft. In der Enoteca Cotti könnten Sie seltene Sammlerstücke erwerben. Überhaupt bietet die im Jahr 1952 gegründete Weinhandlung eine beeindruckende Auswahl an Weinen und Spirituosen (ca. 1000 Etiketten), ebenso wie an Ölen und anderen Spezialitäten. Bereits seit vier Generationen befindet sich das Geschäft in den Händen derselben Familie. Ideal für die Lagerung sind die Gewölbekeller mit 1,20 m dicken Wänden und Temperaturen von 14 bis 18 °C.

Via Solferino 42, T 02 29 00 10 96, www.enotecacotti.it, Di–Sa 9–13, 15–20 Uhr

Eataly: Hier geht die Arbeit von der Hand – und ganz frisch in den Mund.

Schlaraffenland für Gourmets

Eataly F 2

Sitz des inzwischen weltweit exportierten Genusstempel-Konzepts ist das ehemalige Teatro Smeraldo. Hier wird ›bewusstes Essen‹ in verschiedenen Slow-Food-Restaurants inszeniert. Zu jedem Produkt gibt es Informationen. Eine Erinnerung an das ehemalige Theater, in dem vor allem Musicals aufgeführt wurden, ist die Bühne für Livekonzerte und -shows.

Piazza XXV Aprile NR, T 02 49 49 73 01, www.eataly.it, Mo–Do 8.30–23, Fr, Sa bis 24 Uhr

Für Kenner

Vinoir C 7

Diese Weinhandlung liegt etwas abseits vom Gedränge der Ripa, wo Lokale und Geschäfte aneinander grenzen. Hier ist es stiller. Die Auswahl an ökologisch produzierten Weinen von kleinen Herstellern und Büchern über Weine überzeugt. Zu jeder Flasche gibt es ein Infoblatt.

Ripa di Porta Ticinese 93b, T 02 39 81 12 02, www.vinoir.com, Mo–Sa 10.30–13, 17.30–22.30 Uhr, ein Glas Wein ab 4 €

Pralinen und mehr

Galli Karte 2, F 5/6

Galli gab es schon 1911. Dann kamen die Bomben des Zweiten Weltkriegs, 1946 wurde der Laden wiedereröffnet. Seither werden wieder die köstlichen, allerdings nicht gerade günstigen *marrons glacés* einzeln von Hand hergestellt. Auch die Pralinen und kandierten Früchte sind eine Augenweide und zergehen auf der Zunge.

Corso di Porta Romana 2 und via Victor Hugo 2, www.giovannigalli. com, Mo–Sa 8.30–13, 14–20, So 9–13.30 Uhr

FLOH- UND STRASSENMÄRKTE

Markthalle

Mercato Piazza Wagner B 4

Gehen Sie bloß nicht hungrig in diese Markthalle – oder vielleicht doch …Seit fast 100 Jahren reihen sich in diesem Markt Metzger-, Bäcker-, Fisch-, Käse-, Obst- und Gemüsestände aneinander. Manche werden bereits in dritter Generation betrieben.

Piazza Riccardo Wagner 4, Di–Sa 8.30–13, 16–19.30, Mo 8.30–13 Uhr

Vielfalt, Streetfood inklusive

Mercato Comunale di piazza XXIV Maggio E 7

Im neu gestylten Mercato Piazza XXIV Maggio befinden sich 23 Geschäfte –

nicht nur mit Lebensmitteln. Die Macelleria Popolare bietet Fleischfreunden auch Streetfood. Bereits seit dem 16. Jh. gibt es einen Markt an dieser Stelle.
Piazza XXIV Maggio, Di–Sa 8.30–13, 16–19.30, Mo 8.30–13 Uhr

Für Bücherfreunde
Vecchi libri in Piazza Karte 2, F 5
Über 100 ausgewählte Buchantiquare aus ganz Italien verkaufen einmal im Monat bei jedem Wetter alte und seltene Büchern für Liebhaber und Sammler unter den Arkaden der Piazza neben dem Dom. Es ist einer der größten Märkte dieser Art in Europa.
Piazza Diaz, www.piazzadiaz.com, Sept.–Juni jeden 2. So im Monat 9–17 Uhr

GESCHENKE, DESIGN, KURIOSES

Messer und Gourmetutensilien
Coltelleria Lorenzi Karte 2, E 5
Die Brüder Andrea und Marcello Lorenzi führen das Messergeschäft in der dritten Generation. Ihr Großvater war als Messerschleifer wie viele andere aus der Val Rendena im Trentino nach Mailand gekommen. Im eleganten Laden gibt es heute auch Toilettenaccessoires für Herren, kleine Gourmetutensilien wie z. B. Trüffelhobel u. v. m. für Freizeit und Haushalt.
Corso Magenta 1, www.o-lorenzi.it, T 02 869 29 97, Mo 15–19.30, Di–Sa 9.30–13, 15–19.30 Uhr

Concept Store
High Tech F 2
Der beliebte, riesige Loft befindet sich in einer ehemaligen Tintenfabrik für den Mailänder »Corriere della sera«. Mit Designerware für Küche und Büro, Wohnzimmer und Bad war er der erste Concept Store in Mailand. Hier finden Sie originelle Haushalts- und Geschenkartikel aus der ganzen Welt in allen Preislagen und kaufen sicher etwas, von dem Sie gar nicht wussten, dass Sie es brauchen.
Piazza XXV Aprile 12, www.high-techmilano.com, Mo 13.30–19.30, Di–So 10.30–19.30 Uhr

HIPPE FLOHMARKTKULTUR

East Market östlich K 1
Vintagekleidung, Schmuck, Bücher, Platten, Design, Spielzeug … Der Markt nach Londoner Vorbild in einer riesigen Halle im Designdistrikt Lambrate existiert noch nicht lange und ist doch schon Kult. Mit jeder Menge interessanter Streetfood-Stände und Musik.
Via Privata G. Ventura 14–15, mobil 39 20 43 08 53, www.eastmarketmilano.com, an einem So im Monat 10–21 Uhr

Für Karneval und andere Feste
Torriani Karte 2, E 4
In dem Traditionsgeschäft (1943 eröffnet) können Sie das ganze Jahr über Masken, Kostüme, Accessoires etc. für jede Art von Festen und sonstigen Anlässen kaufen. An Halloween stehen die Mailänder hier Schlange.
Via Mercato 5, T 02 86 65 19, www.torriani.it, Mo 15–19.30, Di–Sa 10–13, 15–19.30 Uhr

Frühes Design
Danese Karte 2, F/G 6
Designliebhaber kennen Danese. Seit 60 Jahren produzieren sie Wohndesign im Bereich Licht und Lampen, Arbeiten und Wohnen. Es gibt sowohl Serienprodukte als auch Anfertigungen in kleinen Auflagen von bekannten und jungen Designern/innen sowie Evergreens von Bruno Munari und Enzo Mari.
Piazza San Nazaro in Brolo 15, T 02 58 30 41 50, www.danesemilano.com/showroom

Italian lifestyle
Rossana Orlandi C 5
Ein ausgesprochen inspirierender Concept Store mit Möbeln, Kuriositäten und alten wie auch neuen Design-Unikaten in einer ehemaligen Krawattenfabrik. Während der Möbelmesse gibt es hier besondere Installationen. Das benachbarte Restaurant Marta gehört dazu.
Via M. Bandello 14, www.rossanaorlandi.com, Mo 15–19, Di–Fr 10–19 Uhr (T 02 48 19 86 22), www.martabibendum.it

MODE UND ACCESSOIRES

Alles, was das Herz begehrt

10 Corso Como F 2

Auf zwei Stockwerken um einen gemütlichen Innenhof herum finden Sie in dieser Trendboutique einfach alles: Mode von bekannten Designern ebenso wie von ›Outsidern‹, eine gut sortierte Buchhandlung für Kunst, Mode und Design, Musik, eine Galerie mit interessanten Foto- und Kunstausstellungen (www.galleriacarlasozzani.org), Cafés, ein Restaurant und sogar drei luxuriöse Suiten. Um die Ecke, in der Via Tazzoli 3, befindet sich das Outlet von 10 Corso Como.

10 Corso Como, www.10corsocomo.com, tgl. 10.30–19.30, Di, Do bis 21 Uhr

Wunderbare Stoffe

Asnaghi E 2

Stoffe, Stoffe und noch mal Stoffe bis zur Decke. Baumwolle, Popeline und Flanell, Seide, Samt und Leinen, Wolle, Kaschmir und Harry Tweed in allen Farben und Mustern. Das 1939 gegründete Geschäft hat seinen Charme bewahrt und ist das Paradies aller Schneider/innen und derer die auf Stoffsuche sind.

Via della Moscova 68, www.asnaghitessuti.com, Mo 15–19, Di–Fr 9.45–13, 15–19, Sa 10–13, 15–19 Uhr

Elegantes mit Pfiff

Biffi Karte 2, E 6

Den Multilabelstore Biffi gibt es seit ewigen Zeiten. Viele Mailänderinnen schwören auf den sicheren Geschmack von Rosy Biffi, die nicht nur Kleider von berühmten, sondern auch von zukünftig bekannten Modeschöpfern bietet. Luxus- und Avantgardemode sowie klassische Stücke für Damen und Herren.

Corso Genova 6, www.biffi.com, Mo 15.30–19.30, Di–So 9.30–13.30, 15–19.30 Uhr

Hipster-Secondhand

Bivio Karte 2, E 6

Eine ›Buy-sell-trade-Boutique‹ nach New Yorker Vorbild. Die Auswahl an sorgfältig ausgesuchten Schuhen und Kleidungsstücken, vor allem für Sie aber auch für Ihn, ist groß und die Preise sind wirklich niedrig. Kürzlich wurde ein zweites Geschäft in der Via Lambro 12 eröffnet (J 3)

Via Gian Giacomo Mora 4, T 02 58 10 86 91, www.biviomilano.it, tgl. 11–19.30 Uhr

Eigene Kollektionen

Co Co E 2

Eine Auswahl an gut geschneiderten Kleidungsstücken der Modedesignerin Nicoletta Ceccolini aus natürlichen Stoffen sowie Schuhe und Schmuck. Im hinteren Raum finden Sie eine Abteilung

Inspirationsquelle für die Gestaltung der eigenen vier Wände: 10 Corso Como

mit Vintagekleidern, die gut zu Ceccolinis Kreationen passen. Haben Sie für ein überraschendes Event Abendkleid oder Smoking nicht dabei, lässt sich beides für je 100 € ausleihen.
Via Volta 5, T 02 29 00 65 62, auf Facebook, Mo 15.30–19.30, Di–Sa 10–19.30 Uhr

K wie Korea
Garden K D 7
Die Kleidung, die Sie hier kaufen, trägt garantiert nicht jeder, denn es gibt immer nur höchstens zwei Stück pro Modell. Das erlaubt dem kleinen Laden, ein größeres und immer neues Sortiment zu haben. Es sind ausgewählte Kreationen einer Koreanerin, eine gelungene Mischung aus orientalischem und Retro-Geschmack. Auch Schuhe und Accessoires.
Via Vigevano, 35, T 02 89 42 39 40, auf Facebook, Mo 15.30–19.30, Di–Sa 10.30–13.30, 14.30–19.30 Uhr

Schmuckstücke
Pellini Karte 2, F/G 4
Donatella Pellini, die das Unternehmen in der dritten Generation betreibt, beweist, dass sich auch aus Glas, Kunstharz und Halbedelsteinen eleganter Schmuck kreieren lässt. Sie entwirft ebenfalls Hüte und Taschen. Jeder der drei Läden hat einen eigenen Charakter.
Via Manzoni 20, www.pellini.it, auch in Via Morigi 9 und Corso Magenta 11, Mo 15.30–19, Di–Sa 10–19 Uhr

Kreatives Design
Pilgiò Karte 2, E 6
Das Atelier des Goldschmieds Antonio Piluso wirkt eher wie eine Kunstgalerie. Seine originellen Schmuckstücke für Individualisten gibt es aus höchst unterschiedlichen Materialien: von Eisen, Holz und Terrakotta bis zu *oro muto*, oxidiertem, besonders verarbeitetem Gold.
Via Caminadella 6, T 02 80 48 12, www.pilgio.com, Mo–Sa 10–19.30 Uhr

Farbenfrohes Schuhwerk
Mauro Leone E 6
Das Angebot in den beiden Läden ist nicht ganz das selbe. Sie finden hier gute, in Italien verarbeitete Schuhe der aktuellen Saison zu akzeptablen Preisen. Auch ›Evergreen-Modelle‹ wie Ballerinas in ungewöhnlichen Farben.
Corso di Porta Ticinese 60 u. 103, www.mauroleone.com, Mo 15–19.30, Di–Sa 10–19.30, So 11–19.30 Uhr

SHOPPING-AUSFLUG

Wer Zeit und ein Auto hat, kann nach Mendrisio fahren, das gleich hinter der Schweizer Grenze bei Como liegt (etwa 55 km). In den **Foxtown Factory Stores** sind 130 Läden der wichtigsten Modehäuser wie Gucci, Prada, Valentino versammelt, die hier Kleidungsstücke aus der letzten Saison mit 30–70 % Ermäßigung anbieten.
T 0041 848 82 88 88, www.foxtown.ch, tgl. 11–19 Uhr

Handgeschneidert wie einst
Patrizia Pera Tessuti e Sartoria
Karte 2, D 6
Bunt ist der kleine Laden mit seinen vielen Textilrollen, denn Patrizias Liebe gilt vor allem den Stoffen. Man sucht sich unter ihren Modellen (klassisch mit Pfiff, manchmal orientalisch angehaucht) eines aus, lässt es sich nach Maß schneidern und nach Geschmack ändern oder greift sofort zu. Patrizia spricht Englisch und versteht Deutsch. Der Preis beginnt für ein Kleid je nach Stoff bei 130 €, für eine Hose bei 100 €.
Via Fabio Mangone 1, mobil 34 06 41 83 67, auf Facebook, Di–Fr 10–13, 15–18.30, Sa 11–17 Uhr

Mode aus der letzten Saison
Il Salvagente J 5
›Rettungsreifen‹ heißt diese vielleicht berühmteste Adresse, unter der sich Designermode der vergangenen Saison zu erschwinglichen Preisen erstehen lässt. Riesenauswahl an Kleidung, Schuhen und Accessoires – möglichst nicht am Samstag hingehen.
Via Fratelli Bronzetti 16, T 02 76 11 03 28, www.ilsalvagentemilano.it, Mo 15–19, Di–Sa 10–19 Uhr

Aperitivo zum Auftakt

Tagsüber ist kaum vorstellbar, dass sich eine so arbeitsame Stadt wie Mailand abends ins Amüsement stürzt. Doch in der lombardischen Metropole scheint das Bedürfnis nach Abwechslung im Anschluss an den langen Arbeitstag sogar besonders groß zu sein. Und so gibt es viele Locations für jeden Geschmack: u. a. Lounge-Bars, Musikkneipen, Kinos, Theater. In das Abendprogramm einsteigen tun alle mit dem selben Ritual, dem Aperitif!

Viel los ist in den von Bars und Lokalen gesäumtem Gassen des touristischen, schicken **Brera-Viertels.** Hier und an den romantischen **Navigli** findet jeder etwas. Um den **Corso Como** reihen sich immer mehr glamouröse Clubs, in denen sich Models, Fußballspieler und Stars aus dem Showbiz tummeln. Strenge Türhüter wachen am Eingang. Am **Arco della Pace** und am Anfang des **Corso Sempione** eröffnen ständig neue, eher schicke Lokale. Das **Quartiere Isola** hinter der Stazione di Porta Garibaldi mit dem berühmten Blue Note entwickelt sich immer mehr zu einem beliebten Szeneviertel. En vogue sind ›postindustrielle‹ Locations: ehemalige Fabriken, Lagerhallen, Werkstätten. Im Sommer zieht das Nachtleben nach draußen: Dann werden die Clubs am **Idroscalo,** dem künstlichen See in Flughafennähe, oder die Lokale am **Ippodromo,** der Rennbahn, der städtischen Konkurrenz vorgezogen. Auch einige Kioske verwandeln sich dann zu angesagten Treffpunkten.

Einige Lokale im Brera-Viertel haben Kultstatus, so das Jamaica, wo Mamma Lina lange die gute Seele war.

ZUM SELBST ENTDECKEN

Die europäische Craft-Bier-Euphorie hat auch Mailand erfasst. Es gibt eine Reihe von Lokalen, die eigene Mikrobrauereien betreiben, und viele Pubs bieten **Craft-Bier** an. Der beliebte, eher britisch anmutende Pub Birrificio Lambrate, Via Adelchi 5, war einer der ersten in Italien, der seine eigene Brauerei hatte, und bietet mehr als zehn Sorten an.

Die **Circoli Arci** sind Lokale mit einem in der Regel interessanten Kulturprogramm. Die Mitgliedskarte (12 €/Jahr) gilt in ganz Italien und ermöglicht in manchen Kinos, Theatern etc. Ermäßigungen. In Mailand gibt es eine Reihe von Arci-Lokalen mit jungem, alternativem Publikum, z. B. das Magnolia (► S. 108). Die Preise sind erheblich niedriger als sonst in Mailand. Weitere Arci-Lokale s. www.arci.it/sedi/lombardia/milano.

BARS UND KNEIPEN

Existiert seit über 70 Jahren

Bar Basso J/K 3

In dieser Bar wurde vor rund 40 Jahren der *Negroni Sbagliato* erfunden, eine nicht ganz so ›heftige‹ Negroni-Version mit Sekt statt Gin. Auch der Cocktail Rossini und das Eis *Mangia e bevi* (›iss und trink‹ – Eis mit Obst, Zabaione und Likör) erblickten im Basso das Licht der Cocktailwelt. Künstler und Designer gehen hier ein und aus – und während des Salone del Mobile ist die Bar ›der‹ Treffpunkt schlechthin!

Via Plinio 39, T 02 29 40 05 80, http://barbasso.com, Mi–Mo 9–1.15 Uhr

Pariser Flair

La Belle Aurore J 3/4

Kleine Marmortischchen, Zeitungen und morgens heiße Croissants erinnern an alte französische Bistros. Mittags gibt es ein paar empfehlenswerte warme Gerichte und gegen Abend gute Aperitifs. Hierher kommen die Mailänder und Mailänderinnen nun schon seit vielen, vielen Jahren, um sich in entspannter Atmosphäre zu unterhalten.

Via Privata Giuseppe Abamonti 1/Ecke Via Castellmorrone, T 02 294 06 21, Mo–Sa 8.30–2 Uhr

Immer gut besucht

Le Biciclette Karte 2, E 6

Wo früher Fahrräder (ital. *biciclette*) hergestellt wurden, wird heute gegessen, getrunken und über die ausgestellte Kunst diskutiert. Der lange Tresen, auf dem zur Happy Hour ein reichhaltiges Buffet aufgebaut wird, lockt viele zum Aperitif her (gute Cocktails!). Relaxte Atmosphäre mit Loungemusik. Ausstellungen, Performances, Livemusik oder DJ-Sets.

Via Torti 8, T 02 839 41 77, www.lebiciclette.com, tgl. 18–2 Uhr, Happy Hour 18–21.30 Uhr

Köstliche Cocktails

Cape Town Café D 7

Schon zum morgendlichen Cappuccino mit Brioche ist das Café geöffnet. Und auch für den abendlichen Auftakt ist es mit seinen guten Cocktails zu fairen Preisen ideal. Alternatives Publikum, junge Künstler und Kreative setzen sich bei jedem Wetter besonders gern an die Tische auf dem Bürgersteig oder sie stehen dicht gedrängt mit einem Glas in der Hand fast auf der Straße. Die Musik ist nie zu laut, ein guter Ort für gute Gespräche.

Via Vigevano 3, T 02 89 40 30 53, auf Facebook, Mo–Sa 7–2, So 18–2 Uhr

Nicht zu teuer …

Die Skyline vor Augen

Ceresio 7 E 2

Fein und teuer. Aber dafür genießt man New-York-Atmosphäre hoch oben auf einem Dach an zwei Frische spendenden Pools – mit Glamour-Aperitif, Fingerfood und Blick auf die neue Skyline.

Via Ceresio 7, T 02 31 03 92 21, www.ceresio7.com, tgl. 12.30–1 Uhr

BESONDERE BÜHNEN

Das Musikprogramm in Mailand ist umfangreich und anspruchsvoll. Berühmt ist natürlich die **Scala.** Im **Auditorium di Milano** und im **Teatro dal Verme** finden interessante Konzerte statt – mit klassischer ebenso wie zeitgenössischer Musik. Neben dem **Piccolo Teatro** mit seinen drei Spielstätten gibt es eine Reihe von großen und kleineren Bühnen. Mailand ist die italienische Hauptstadt des Kabaretts. Viele Fernseh- und Kinokomiker haben hier ihre ersten Schritte getan. Das **Kabarettlokal Zelig** ist schon seit Jahrzehnten eine Institution.

Zu späterer Stunde kommt vielleicht der Pool ins Spiel – Terrasse des Ceresio 7

Beliebt für seinen Mojito

Chiosco Mentana Karte 2, E 5

Verschiedene Chiringuitos (span. *chiringuito* = Strandlokal; so werden die Kioskbars in Mailand genannt) beleben in der schönen Jahreszeit die Stadt. Sie wirken wie Ferienoasen mitten im Stadttrubel. Die Gäste des Chiosco Mentana sitzen auf einer kleinen, ruhigen Piazza – fern vom urbanen Chaos – mitten im alten Teil von Mailand (Cinque Vie). Es gibt Kleinigkeiten zu essen und vor allem Cocktails.

Piazza Mentana, auf Facebook, nur bei gutem Wetter geöffnet, So geschl.

Ungewöhnlicher Mix

Dry – Cocktails & Pizza F 2

Schickes, immer volles Designerlokal. Etwas Besonderes ist nicht nur die Kombination von Cocktailbar und Pizzeria, auch die Cocktails selbst sind originell komponiert. Dazu können Sie köstliche *focacce* oder *bruschette* probieren. Im hinteren Restaurant gibt es sehr gute Pizza. Die Preise sind allerdings keine Pizzeriapreise ... Es empfiehlt sich, einen Tisch zu reservieren, wenn man essen möchte.

Via Solferino 33, T 02 63 79 34, www.drymilano.it, tgl. 19–1.30 Uhr, Pizzeria 19–24 Uhr

Etwas versteckt

Fonderie Milanesi F 7

Eine Location für Insider, denn von außen ist nicht zu erkennen, dass sich am Ende eines langen, privat wirkenden Hofs, an einer Autowerkstatt und anderen Werkstätten vorbei, noch ein Lokal befindet. In den hohen Räumen der ehemaligen Gießerei fühlt man sich in vergangene Zeiten zurückversetzt – bei der Renovierung wurde alles Alte belassen. Bei schönem Wetter ist der Garten im Innenhof ein angenehmer Aufenthaltsort.

Via Giovenale 7, T 02 36 52 79 13, www.fonderiemilanesi.it, Di–Sa 19–2, So 12.30–15.30, 19–1 Uhr, Aperitifs 19–21 Uhr mit Buffet 10 €, auch Restaurantbetrieb, Sonntagsbrunch 20 €

Cool und hip

Frida F 1

Das Café mit cooler Berliner Atmosphäre bietet einfach alles: Unter der Woche Mittagessen, abends Cocktails und Buffet und dann weiter bis tief in die Nacht Bier, Wein etc. In der schönen Jahreszeit sitzt man draußen. Oft finden Ausstellungen und Konzerte statt. Im zugehörigen Vintageshop Particelle Complementari nebenan gibt es neben Retrostücken auch neue, nachhaltig produzierte und vegane Kleidung.

Via Pollaiuolo 3, T 02 68 02 60, www.fridaisola.it, Cocktails Mo–Fr 10–15, 18–2, Sa 16–2, So 12–1 Uhr, So 12–16 Uhr Brunch (›Branz‹)

Frech und spritzig

Leccomilano H 3

Originelle Cocktails mit leckeren Kleinigkeiten zur Happy Hour (auch vegetarisch und vegan), gute Stimmung, international und unkonventionell. Hier ist immer Action: Am Do ›Hula Hoop‹ mit DJ-Set, am Sa stehen Frauen hinter den Plattentellern. Gayfriendly.

Via Lecco 5, T 02 40 97 07 04, www.leccomilano.it, Mo–Sa 18–2, So 15–2 Uhr

Aperitif am Kanal

Mag Cafè D 7

Eine romantische Navigli-Atmosphäre herrscht in diesem gemütlichen Café. Flaschen schmücken die Wände, kleine Tische stehen auf der verkehrsberuhigten Straße am Kanal. Manche kommen schon zum Morgencappuccino, doch füllt sich das kleine Lokal vor allem gegen Abend, denn es ist eine beliebte Cocktailbar. Die Cocktails sind tatsächlich nicht von schlechten Eltern – die fachkundigen Kellner beraten gern. Im Hintergrund läuft Blues- und Jazzmusik. Immer entspannte Stimmung, auch wenn viel los ist.

Ripa di Porta Ticinese 43, T 02 39 56 28 75, tgl. 7.30–1.30 Uhr, Cocktails ab 17.30 Uhr

KLEIN, KLEINER, AM KLEINSTEN

Versteckt liegt gleich hinter dem Mag Cafè das **BackDoor43,** die kleinste Bar der Welt. In dem 6 m² großen Raum haben höchstens vier Personen Platz. Den einzigen Tisch muss man lange im Voraus reservieren. Surreal kommt es einem vor, wenn man durch die kleine Hintertür geht, als trete man in einen Beichtstuhl. Doch dann bekommt man von einem Experten-Barkeeper unvergessliche Drinks gemixt. Auch Take-away: Durch ein kleines Fenster können Sie die professionell gemixten Drinks von der Straße aus kaufen.

www.backdoor43.de, Cocktails ab 12 €, Aufenthalt max. 2 Std. zwischen 19.30 und 3.30 Uhr

Im mailändischen Chinatown

oTTo E 2

Hell, begrünt, geräumig und weltoffen. Tagsüber wird an den Tischen gearbeitet und gelesen, abends geschwätzt und getrunken. Oft werden Filme gezeigt oder es treffen sich Arbeitsgruppen. Man kann natürlich auch essen: Spezialität sind die *Quadrotti,* bunt, gesund und lecker belegte Brot-Quadrate. Vegetarisches gehört zum Angebot – ebenso wie der Sonntagsbrunch.

Via Paolo Sarpi 8, T 02 83 41 72 49, www.sarpiotto.com, Mo 18.30–2, Di–So 9–2 Uhr

Revival der 60er und 70er

Bar Picchio H 3

Hier scheint die Zeit stehen geblieben zu sein. Aber die Einrichtung ist gar nicht wichtig und auch die Drinks sind eher Nebensache. Die meisten wollen in der Bar Picchio einfach nur Leute treffen und an den kleinen Tischchen interessante Gespräche führen.

Via Melzo 11, T 02 29 53 14 33, auf Facebook, Mo–Sa 7–24 Uhr

Eine fast private Atmosphäre

Bar Rita D 7

Eine kleine American Bar, in der die Cocktails mit Liebe und Fantasie zubereitet werden. Viele Stammkunden schauen hier jeden Abend vorbei und trinken ihren Cocktail auch im Stehen, wenn keines der kleinen Tischchen mehr frei ist. Beeindruckend: die große Auswahl an Whiskys.

Via Fumagalli 1, T 02 837 28 65, auf Facebook, Mo–Sa 18.30–2 Uhr

Künstlerische Atmosphäre

Le Trottoir à la Darsena E 7

Die belebte Kneipe mit Kunstwerken an den Wänden und einer bis spät in die Nacht geöffneten Küche hat Unterkunft in einem der alten Zollhäuser auf der Piazza XXV Maggio gefunden. Seit

Mitten rein ins Mailänder Leben – da gehört der Aperitivo dazu.

keine Autos mehr über die Piazza rasen, sitzt man auch draußen. Oft ist hier der Krimi-Autor Andrea G. Pinketts anzutreffen, dem sogar ein Raum gewidmet ist. Häufig Livekonzerte (ab 22.30 Uhr), Ausstellungen und Kulturprogramm.
Piazza XXV Maggio 1, T 02 837 81 66, www.letrottoir.it, tgl. 11–4/5 Uhr

Austern schlürfen

Radetzky F 2
Eine Bistro-Bar mit Durchhaltevermögen: Schon seit 1988 ist sie en vogue und besonders abends immer gut besucht. Frühstück, Mittag- und Abendessen, dazu gedämpfte klassische Musik. Wer will, kann frische Austern zu Champagner schlürfen – Cocktails sowieso. Bei gutem Wetter werden die Sofas draußen schnell in Beschlag genommen. Von dort lässt sich das Treiben auf der belebten Straße bestens beobachten.
Corso Garibaldi 105, T 02 657 26 45, www.radetzky.it, Mo–Mi 8–1.30, Do–Sa 8–2, So 10–1.30 Uhr

LIVEMUSIK

Hochkarätiger Jazz

Blue Note F 1
Mailand wurde 2003 als erste europäische Stadt für die Eröffnung einer Dependance des berühmten New Yorker Lokals auserkoren. Hier spielen nationale und internationale Jazzgrößen. Das Programm ist sehr vielfältig und die Akustik exzellent. Warme, dunkle Farbtöne sorgen für die richtige Atmosphäre; gute Cocktails. Der Club ist gleichzeitig Restaurant.
Via Borsieri 37, T 02 69 01 68 88, www.bluenotemilano.com, Di–So 19.30–2 Uhr

Im Grünen

Magnolia östlich K 5
Das Circolo Magnolia liegt nicht weit vom Flughafen Linate am See Idroscalo. Vom 1. Juni bis 18. September braucht man keine Arci-Mitgliedskarte (▶ S. 104), in der übrigen Zeit ist sie obligatorisch. Die Lage im Grünen wird gerade in den heißen Sommermonaten sehr geschätzt. Im Magnolia finden Konzerte jeder Art statt. Im Sommer Pizzeria und Grill (günstig: Cocktail 5 €).
Via Ciconvallazione Idroscalo 41, T 02 756 10 46, www.circolomagnolia.it, Fr, Sa 21.30–4 Uhr, oft auch unter der Woche bis 2 Uhr

Gutes Bier zu guter Musik

Nidaba Theatre D 7
Ein Lokal von Musikliebhabern für Musikliebhaber – klein, doch die Qualität ist groß. Jeden Abend stehen hier Musiker aus dem In- und Ausland auf der Bühne. Gespielt wird Blues, Rock, Rockblues,

Soul, Rockabilly ... Man zahlt keinen Eintritt, sollte aber ein Getränk bestellen.

Via Gola 12, T 339 34 77 512, www.nidaba.it, Di–Sa ab 21.30 Uhr, Konzerte beginnen um 22.30 Uhr, im Sommer geschl.

Beliebter Jazzclub

Salumeria della Musica südl. G 8

›Musikalische Wurstwarenhandlung‹ heißt dieser Club in einer ehemaligen Fabrik – eine Disco-Bar mit interessanten Live-Konzerten. Gespielt wird überwiegend Jazz, aber auch Rock, Funk, Pop, Soul … Dazu isst man *salumi* (Wurstwaren), Käse und andere regionale Spezialitäten und trinkt am besten Wein. Oft wird auch getanzt.

Via Antonio Pasinetti 4, T 02 56 80 73 50, www.lasalumeriadellamusica.com, Mo–Sa 21–2 Uhr, So geschl.

TANZEN

Trauen Sie sich!

Arizona 2000 J 1

Beliebtes Lokal für Gesellschaftstänze mit Livemusik: Tango, Walzer, Polka, Mazurka (60er, 70er, 80er) sowie karibische und brasilianische Rhythmen. Keineswegs nur etwas für die Over-Sixties. Die Atmosphäre ist entspannt und lustig und wenn Sie nicht tanzen können, gibt es immer jemanden, der es Ihnen gerne beibringt.

Via Natale Battaglia 12/14 a, mobil 38 98 35 92 77, www.spazioarizona.it, Mo, Mi, Fr–So 15–18, Mi–So 21.30–1, Sa bis 2 Uhr, im Sommer geschl.

Das Tanzbein schwingen wie früher

La Balera dell'Ortica östlich K 4

Einst Feierabendlokal der Bahnarbeiter, heute Trattoria (günstige Gerichte) mit Bocciabahn und Open-Air-Tanzfläche für Gesellschaftstänze, Boogie-Woogie und Swing mit Livemusik. Auch jüngere Leute mögen die Vintage-Atmosphäre. In der ab Nachmittag geöffneten Bar treffen sich ältere Leute aus der Gegend, um Boccia oder Karten zu spielen.

Via G. A. Amadeo 78, T 02 70 12 86 80, www.labaleradellortica.com, Trattoria: abends Okt.–Mai Di–Sa, Juni–Sept. Di–So, Tanzfläche: Juni–Sept.

Trotz des Namens immer ›in‹

Old Fashion Café Karte 2, D 3

Diese seit jeher beliebte Bar mit Restaurant und Disco im Palazzo dell'Arte am Parco Sempione bietet im Sommer auch die Möglichkeit, draußen zu tanzen. Jeden Abend gibt es ein anderes Programm und die Eintrittspreise variieren je nach Abend und der Eintrittszeit. Mittwochs (im Sommer donnerstags) kommen immer viele Erasmus-Studenten zum internationalen Abend.

Viale Alemagna 6, T 028 05 62 31, www.oldfashion.it, Mi–Mo Aperitif ab 20, Restaurant ab 21.30, Disco 24–4 Uhr

KINO

Das Programm finden Sie in den Tageszeitungen oder auf www.mymovies.it/cinema/milano. Es gibt Kinos für Erstaufführungen *(prime visioni),* für Filme in Originalsprache sowie Filmkunstkinos (*Cinema d'Essay* und *Arte e Cultura*). Filme zeigt auch die Cineteca di Milano (► Spazio Oberdan).

Inspirierend

Anteo F 2

Ein gutes, bei Cineasten beliebtes Programmkino, das auch Filme in Originalsprache zeigt. Für hinterher gibt's eine sehr nette Bar, das Restaurant Osteria del Cinema (www.osteriadelcinema.it) und eine Filmbuchhandlung (Bücher, Poster, T-Shirts, Filmmusik, Videos).

Via Milazzo 9, T 026 59 77 32, www.spaziocinema.info

Anspruchsvolles Programm

Spazio Oberdan Cineteca Italiana H 3

Von Gae Aulenti und Carlo Lamperti entworfenes Kulturzentrum, in dem Ausstellungen und interessante Festivals sowie Filmvorführungen stattfinden.

Viale Vittorio Veneto 2, T 02 77 40 63 00, www.cinetecamilano.it

Hin & weg

In Mailand ankommen

... mit dem Flugzeug
Mailand hat drei Flughäfen: **Linate** (LIN), ca. 10 km östlich des Zentrums, **Malpensa** (MXP), ca. 50 km nordwestlich der Stadt, und **Bergamo** (BGY), ca. 50 km nordöstlich von Mailand. Die meisten Flieger landen in Malpensa.

Vom Flughafen Linate in die Stadt
Mit dem Bus: Von 5.30 bis 0.20 Uhr fährt **ATM-Linienbus** Nr. 73 zum Corso Europa (Piazza San Babila). Er verkehrt etwa alle 15 Min., braucht ca. 30 Min. und kostet 1,50 €. Der **Starfly Bus** fährt zum Busterminal am Hauptbahnhof auf der Seite Piazza Luigi di Savoia von ca. 5.40 bis ca. 21.30 Uhr alle 30 Min. und kostet 5,50 €.
Mit dem Taxi: Die Taxifahrt ins Zentrum dauert in der Regel etwa 20 Min. und kostet ca. 30/40 €.

Vom Flughafen Malpensa in die Stadt
Mit dem Zug: Von Malpensa kann man mit dem Zug **Malpensa Express** (T 199 15 11 52, www.malpensaexpress.it) zwischen ca. 5 und 24 Uhr etwa alle 30 Min. nach Cadorna, der Stazione Centrale und der Stazione Garibaldi fahren. Dauer zwischen 30 und 50 Min., je nach Ziel und Haltestellen, 12 €.
Mit dem Bus: Die Busunternehmen **Malpensa Shuttle, Autostradale** und **Terravision** fahren vom Terminal 1 über Terminal 2 zwischen ca. 5 und 24 Uhr abwechselnd alle 10–20 Min. zur Stazione Centrale (Hauptbahnhof), Malpensa Shuttle mit Zwischenhalt in der Via Renato Serra in der Nähe von Fiera Milano City. Fahrtdauer ca. 50/60 Min. Tickets kosten 8/10 €, manchmal gibt es Sonderangebote. Info: www.sitabus.it. Hier findet man die Abfahrtspläne von allen drei Shuttlelinien.
Mit dem Taxi: Die Taxifahrt ins Zentrum dauert ca. 50 Min. und kostet ca. 85 €.

Vom Flughafen Orio al Serio Bergamo in die Stadt
Mit dem Bus: Der **Orio Shuttle** fährt zwischen ca. 4 und 22. Uhr etwa alle 30 Min. (am Wochenende und feiertags seltener) zur Stazione Centrale, Ticket 5 €, Dauer etwa 60 Min. (Achtung: bei dichtem Verkehr oft sehr viel länger).
Mit dem Taxi: Dauer etwa 50 Min., ca. 100 €.

... mit der Bahn
Fast alle Züge kommen an der **Stazione Centrale** (Hauptbahnhof) an. Die Bahnsteige befinden sich im Obergeschoss in der Galleria delle Partenze (Abfahrtshalle). Dort gibt es auf Höhe von Bahnsteig 14 eine **Touristeninformation** (IAT, Mo–Fr 9–18, Sa 9–13.30, 14–18, So 17 Uhr). Außerdem finden Sie hier Geschäfte jeder Art, denn in das riesige Bahnhofsgebäude wurde vor ein paar Jahren ein Einkaufszentrum integriert. Wenn Sie von hier abfahren wollen, beachten Sie Folgendes: Man wird durch ein Kommerzlabyrinth gelotst und riskiert, seinen Zug zu verpassen. Ignorieren Sie die Wegweiser und Tunnel und gehen Sie direkt zu den Zügen. Es ist ratsam, sich das erste Mal Zeit zu nehmen, denn leicht gerät man in die Geschäftsserpentine und so auf den langen Weg.

Zugauskunft: T 89 20 21, www.trentitalia.com
Weiterfahrt: Mit den Metrolinien 2 und 3 erreichen Sie in wenigen Minuten das Zentrum.

Fahrkartenkauf
Tickets für Mailands öffentliche Verkehrsmittel sind an den Kiosken, in mit ›T‹ gekennzeichneten Tabakläden *(tabacchi)* oder am Automaten erhältlich.

Informationen

IAT (Mailänder Touristeninformation): Galleria Vittorio Emanuele/Ecke

Piazza Scala, T 02 88 45 55 55, Mo–Fr 9–19, Sa 9–18, So und an Feiertagen 10–18 Uhr, 25. Dez., 1. Jan, 1. Mai geschl.; Zweigstelle im Hauptbahnhof. Hier erhalten Sie Stadtpläne und Informationen über Veranstaltungen, laufende Ausstellungen, Hotels usw.

IM INTERNET

www.visitamilano.it: Website der Mailänder Touristeninformation (ital./engl. und z. T. auch deutsch). Reich an Informationen; Apps und Downloadmöglichkeiten.
www.milano24ore.de: ausführliche deutschsprachige Tourismusseite mit Hotelbuchung, Eventkalender, Ticketservice (auch für Fußballspiele).
www.hellomilano.it: gute Allroundinformation auf Englisch.
http://ciaomilano.it: Veranstaltungskalender, Infos zu Lokalen, Läden etc.
www.vivimilano.it: die Internetseite der Mittwochsbeilage des »Corriere della Sera« mit zig Links (nur ital.).

APPS

My Taxi: ruft automatisch das nächste Taxi.
MuoviMi (Apple); **ATM Milano** (Android): Infos zu den öffentlichen Verkehrsmitteln (Verbindungen, Fahrpläne, Wartezeiten etc.).

MAGAZIN MIT AKTUELLEN INFOS

In vielen Bars und Lokalen liegt das Heftchen »Zero« mit Informationen über aktuelle Events, Partys und Lokale aus (www.zero.eu/milano).

REISEN MIT HANDICAP

Leider gehört Mailand nicht zu den besonders behindertenfreundlich gestalteten Städten, auch wenn sich in den letzten Jahren einiges verbessert hat. So sind für Rollstuhlfahrer oft Hindernisse zu erwarten. Aber die Freundlichkeit der Italiener hilft in der Regel über solche Hürden hinweg. Nur die Linien M3 (gelb) und die M5 (lila) sind komplett barrierefrei zu erreichen.
Viele Hotels haben sich auf die Bedürfnisse von Menschen mit Behinderungen eingerichtet und stellen entsprechende Zimmer zur Verfügung. Informationen auf Italienisch und Englisch für mobilitätseingeschränkte Besucher unter www.mondopossibile.com.

FÜR GESCHÄFTSREISENDE

Einen Arbeitsplatz mieten
In dem Coworking Space **Impact-Hub** in der Via Paolo Sarpi 8 können Sie bereits ab einem Tag einen Arbeitsplatz mieten (http://milan.impacthub.net).

MILANOCARD

Die MilanoCard ist online erhältlich (www.milanocard.it) und kostet für einen Tag 7 €, für zwei Tage 13 € und für drei Tage 19 €. Sie haben freie Fahrt mit öffentlichen Verkehrsmitteln, erhalten Ermäßigungen in verschiedenen Museen, Restaurants und Geschäften – und sogar auf Fußballtickets. Überschlagen Sie aber vorher, ob sich der Kauf für Sie wirklich lohnt!

SICHERHEIT UND NOTFÄLLE

Gewarnt sei vor sehr geschickten Taschendieben, besonders in der Metro, in vollen Bussen, im Kaufhausgedränge oder an viel besuchten Sehenswürdigkeiten. Vorsicht bei den *bagarini,* den Schwarzmarkthändlern, die einem Scala- oder Fußballtickets andrehen wollen. Diese sind oft gefälscht. Achtung: Fahren Sie nicht mit Leuten, die Chauffeurdienste am Bahnhof oder am Flughafen anbieten!

MIT DEM FAHRRAD DURCH MAILAND

Ideal, um sich in der Stadt fortzubewegen und dabei viel zu sehen, ist das Rad. Mit **bikeMI** hat Mailand ein städtisches Verleihsystem. Sie können sich für 1 Tag (4,50 €), 1 Woche (9 €) oder gleich ein ganzes Jahr (36 €) anmelden (www.bikemi.it, T 02 48 60 76 07, oder bei einem der ATM Points in folgenden Metrostationen: Duomo, Cadorna, Centrale FS, Garibaldi FS, Romolo, Loreto).
Die Bezahlung (Kaution 150 €) ist nur per Kreditkarte möglich. Sie erhalten einen Benutzernamen, suchen sich ein Passwort aus und los geht's. Die erste halbe Stunde ist kostenlos, für jede weitere zahlen Sie 50 ct. Ein und dasselbe Fahrrad dürfen Sie höchstens 2 Std. behalten, aber nach einer Pause von jeweils 10 Min. darf man das Fahrrad beliebig oft wechseln. Die Plätze, an denen das Rad abgeholt bzw. abgestellt werden kann, verteilen sich über das Stadtzentrum.

Diplomatische Vertretungen
Generalkonsulat der Bundesrepublik Deutschland: T 02 623 11 01, Notdienst mobil 00 39 33 56 25 56 21, 00 39 33 56 25 56 22, www.mailand.diplo.de
Österreichisches Generalkonsulat: T 02 78 37 43, www.bmeia.gv.at
Schweizer Generalkonsulat: T 027 77 91 61, www.eda.admin.ch/milano

Notfallnummern
Allgemeiner Notruf: 112
Krankenwagen/medizinische Notfälle: 118
Feuerwehr: 115
Pannenhilfe: 116 (Soccorso Stradale)
Bank- und Kreditkartensperrung: T 00 49 116 116

UMWELTFREUNDLICH UNTERWEGS

Die Verkehrsmittel der städtischen Verkehrsbetriebe, ATM, T 02 48 60 76 07, www.atm-mi.it, fahren von 6 bis 1 bzw. (Metro) ca. 6.30 bis 0.30 Uhr.
Metro: Es gibt vier U-Bahn-Linien (M1, M2, M3, M5); eine fünfte (M4, San Cristoforo–Flughafen Linate) ist im Bau. Linie 1 ist rot, 2 grün, 3 gelb, 5 lila. Die Metroeingänge sind mit einem weißen ›M‹ auf rotem Grund markiert.
Passante Ferroviario: So heißt die Mailänder S-Bahn, deren Linien die verschiedenen Eisenbahn- und U-Bahn-Strecken verbinden und die im Stadtbereich unterirdisch verläuft.
Tram: Für kürzere Strecken eignet sich die Straßenbahn besonders gut. Man sieht viel und kommt überall schnell hin.
Bus: Mailand verfügt über ein ausgezeichnetes Busnetz.
Fahrscheine: Fahrscheine sind nicht beim Fahrer, sondern in den Metrostationen, an Kiosken, in Bars und in Tabacchi-Läden erhältlich. Einzelfahrscheine kosten 1,50 € und sind bei beliebigem Umsteigen (in der Metro ist nur eine Fahrt möglich!) in allen

Schien-Beine in Mailands Zentrum.

öffentlichen Verkehrsmitteln 90 Min. gültig. Sie müssen beim Einsteigen entwertet werden! Ein Ticket für Reisegepäck kostet 2,10 €. Für mehrere Fahrten lohnt es sich durchaus, 24- oder 48-Stunden-Karten (4,50 € bzw. 8,25 €) zu erwerben (auch beim IAT erhältlich). Es gibt auch Carnets für 10 Fahrten zu 13,80 €. Achtung: Ein Ticket zur Messe in Rho kostet 2,50 €.

PER AUTO UNTERWEGS

Mit dem Taxi: Taxifahren ist in Mailand kostspielig. Die offiziellen Wagen sind weiß, haben einen Taxameter und eine mehrsprachige Preisliste für alle möglichen Aufschläge, z. B. bei Nachtfahrten. Taxis stehen entweder an den über die ganze Stadt verteilten Taxiständen oder können telefonisch bestellt werden: T 02 40 40, 02 69 69 oder 02 85 85.
Mit dem Mietwagen: Niederlassungen der Autoverleihfirmen finden Sie an den Flughäfen und am Hauptbahnhof. Avis: www.avisautonoleggio.it, Europcar: www.europcar.it, Hertz: www.hertz.it, Maggiore: www.maggiore.it.
Mit dem eigenen Auto: Für Privatfahrzeuge (außer Elektrowagen), die ins Zentrum fahren (Area C), sind unter der Woche von 7.30 bis 19.30 Uhr 5 € zu zahlen. Benzinautos der Euroklasse 0 sowie Diesel Euro 1, 2 und 3 dürfen nicht ins Zentrum. Aktuelle Infos unter T 02 02 02 und www.areac.it.

STADTFÜHRUNGEN

Zani Viaggi: www.zaniviaggi.it. Die Reiseagentur bietet verschiedene Führungen durch Mailand (›Walking Tours‹ auf Englisch) sowie Stadtrundfahrten an. Die Grand Tour di Milano (Di–So, Abfahrt um 9.30 u. 14.30 Uhr ab Foro Bonaparte 76/Ecke Via Cusani, 75 €, Kinder 4–11 Jahre 39 €, Karten sind auch beim IAT erhältlich) dauert 3,5 Stunden und umfasst folgende Sehenswürdigkeiten: Dom, Galleria Vittorio Emanuele II, Scala mit Museum, Castello Sforzesco, Leonardo da Vincis »Abendmahl«. Führungen gibt es auf Englisch, Mi und Sa auch auf Deutsch.
Milano City Sightseeing, Hop On - Hop Off: Drei rote, nach oben offene Doppeldeckerbusse fahren täglich zu den wichtigsten Sehenswürdigkeiten. Sie erhalten die Informationen über Kopfhörer auch auf Deutsch. Die Fahrt ist auf etwa 90 Min. ausgelegt, für Unterbrechungen sollte man zusätzlich etwas Zeit einkalkulieren (T 02 86 71 31, www.milano.city-sightseeing.it, 48-Std.-Ticket 25 €, Kinder 10 €, Tagesticket 22 €, Kinder 5–15 Jahre 10 €). Das Ticket ist auch im Bus erhältlich. Die erste Abfahrt ist um 9.30 Uhr, die letzte um 18 Uhr ab Foro Bonaparte 76/Ecke Via Cusani.
WAAM TOURS Walk Alternative Art Milan: Drei Kunsthistorikerinnen – Veronica Azimonti, Giulia Bombelli und Federica Gorza – bieten interessante, halbtägige Touren in Italienisch und Englisch zu Fuß und mit öffentlichen Verkehrsmitteln an. Sie können zwischen klassischen und ausgefallenen Touren wählen (z. B. speziell zur Street Art in Mailand oder zu unbekannteren Ecken der Stadt). Am Wochenende finden Führungen in Ausstellungen statt. Sie können auch eine maßgeschneiderte Tour vereinbaren. Kosten: 1–5 Pers. 90 €, 6–11 Pers. 120 € (www.waamtours.com und auf Facebook).
Dramatrà: Junge Schauspieler begleiten Sie mit Geschichten, historische Fakten und Anekdoten über Menschen und Gebäude durch die Stadt. Es gibt eine lustige Tour in einer der historischen Straßenbahnen, Dramatram, die einen durch die 1920er-Jahre führt, und einen Spaziergang durchs Brera-Viertel. Oder lassen Sie sich in einem der Museumshäuser von den ›Hausherren‹ empfangen, die Hintergrundinformationen und auch Klatsch auf leichte, spielerische Weise verraten. Die Touren (auch auf Englisch möglich) finden nur statt, wenn genug Teilnehmer zusammenkommen. Dauer: ca. 90 Min., Kosten zwischen 15 und 30 €, je nachdem, ob Eintrittskarten erforderlich sind (www.dramatra.it).

O-Ton Mailand

SALUTE!

Gesundheit!

In bocca al lupo

wörtl.: In den Rachen des Wolfs
Hals- und Beinbruch

PREGO

Bitte schön

Buon giorno

Guten Morgen, guten Tag

Va a Bagg a sonà l'orghen.

wörtl.: Geh nach Baggio die Orgel spielen. Redewendung, wenn man einen Angeber loswerden will (Dialekt).

minga

nicht (Dialekt)

CIN CIN

Zum Wohl! Prost!

POSSO DARLE UNA MANO?

wörtl.: Kann ich Ihnen eine Hand geben?
Kann ich Ihnen helfen?

Porca miseria!

wörtl.: Schweinisches Elend
Verdammt noch mal!

Mi dica?

wörtl.: Sagen Sie mir?
Was wünschen Sie?

BUON DIVERTIMENTO

Viel Spaß!

Das Klima im Blick
Reisen bereichert und verbindet Menschen und Kulturen. Wer reist, erzeugt auch CO_2. Der Flugverkehr trägt mit bis zu 10 % zur globalen Erwärmung bei. Wer das Klima schützen will, sollte sich – wenn möglich – für eine schonendere Reiseform entscheiden oder die Projekte von atmosfair unterstützen. Flugpassagiere spenden einen kilometerabhängigen Beitrag für die von ihnen verursachten Emissionen und finanzieren damit Projekte in Entwicklungsländern, die dort den Ausstoß von Klimagasen verringern helfen (www.atmosfair.de). Auch die Mitarbeiter des DuMont Reiseverlags fliegen mit atmosfair!

Abbildungsnachweis
Franco Aresi, Sangiano: S.5
Fotolia, New York (USA): S. 76 (andersphoto); 75 u. (Annykos); 73 (Colombo); 45 (doryx); 75 o. (frenk58); 66 u. (Lazar); 74 (Naeblys)
Getty Images, München: S. 40 (Anadolu Agency); 32 (Celotto); 120/9 (D'Alessandro); 35 (De Agostini/Cigolini); 104 (Del Grande); 112 (Faint); 43 (Ho); 4 o. (L'Anson); 48 (Lonely Planet); 38 (Mondadori Portfolio); 16/17 (Pistoles); 51 (Raule)
Huber-Images, Garmisch-Partenkirchen: Titelbild (Lubenow)
iStockphoto, Calgary (Kanada): S. 66 o. (arnese); 36, 99, 105 (Bryukhanova); 24 (elisalocci); 65 (Fontana); 50 (Gim42); 34 (Luhrenberg); 31 (Nikada); 68 (Pavel); 96 (Shepulova); 63 (Viisimaa)
laif, Köln: S. 120/3 (Allpix Press/Mondello); 90 (Aurora/Yoder); 44, 95 (Contrasto/Anselmi); 120/1 (Contrasto/Archivio GBB); 52 (Contrasto/Ettore); 29 (Contrasto/Pavesi); 85 (Contrasto/Venturi); 98 (hemis.fr/Jaques); 92 (hemis.fr/Rieger); 25 (Keystone-France); 102 (Le Figaro/Prignet); 23 o. (Pilar); 23 u., 33, 120/6 (Polaris/Oliosi); 37 (Rea/Fracchia); Umschlagklappe hinten (Robin/Le Figaro Magazine)
Look, München: S. 86 (Dressler)
Mauritius Images, Mittenwald: S. 27 (Age/Grund); 62, 67 (AGF/De Simone); 78/79 (Alamy/EmmePi Images); 12/13 (Alamy/Fracchia); 54 o., 120/7 (Alamy/MARKA); 28 (Alamy/Markovina); 106 (Alamy/Mustafa); 108 (Alamy/National Geographic Creative); 60 (Alamy/Pacific Press); 14/15 (SFM Milan); 4 u. (Alamy/Tagini); 120/5 (Alamy/Valentini); 54 u. (Axiom Photographic/Frontoni); 30, 46, 55, 59, 100 (CuboImages/Buttarelli); 21 (CuboImages/Mitterer); 71 (Cubolimages/Vincent); 97 (Körte)
Ostello Bello, Mailand: S. 89
picture-alliance, Frankfurt a. M.: S. 120/8 (Bazzi); 58 (Fotogramma/Corner); 77 (lapresse); 120/4 (lapresse/Scavolini); 120/2 (Leemage/Effigie)
Schapowalow, Hamburg: S. 20 (SIME/Cossa); 7 (SIME/Cozzi); 83 (SIME/Croppi); 8/9, 56, 80 (SIME/Ripani)
Valentina Macciotta, Mailand (www.enogastronovie.it): S. 70
Wikipedia Creativ Commons: S. 49
Zeichnungen: S. 2, 11, 26, 41, 45, 62, 73, Umschlagklappe vorn (Konopik)

Kartografie
DuMont Reisekartografie, Fürstenfeldbruck
© DuMont Reiseverlag, Ostfildern

Umschlagfotos
Titelbild: Galleria Vittorio Emanuele
Umschlaginnenseite hinten: Der Dom vom Museo del 900 aus gesehen

Hinweis: Autorin und Verlag haben alle Informationen mit größtmöglicher Sorgfalt geprüft. Gleichwohl sind Fehler nicht vollständig auszuschließen. Alle Angaben erfolgen ohne Gewähr. Bitte schreiben Sie uns! Über Ihre Rückmeldung zum Buch und Verbesserungsvorschläge freuen sich Autorin und Verlag:
DuMont Reiseverlag, Postfach 3151, 73751 Ostfildern,
info@dumontreise.de, www.dumontreise.de

FSC
www.fsc.org
MIX
Papier aus verantwortungsvollen Quellen
FSC® C124385

1. Auflage 2017

Autorin: Aylie Lonmon
Redaktion/Lektorat: Erika E. Schmitz
Grafisches Konzept: Eggers+Diaper, Potsdam
Printed in China

Kennen Sie die?

9 von 1 345 851 Mailändern

Giuseppe Verdi

Der bedeutendste italienische Opernkomponist hat viele Spuren in Mailand hinterlassen, u. a. heißt das Konservatorium nach ihm und sein »liebstes Werk«, ein Altersheim für Musiker.

Alda Merini

Früh wurde Alda Merini von großen Dichtern als Lyrikerin geschätzt. Dann kamen ihre Jahre in der Psychiatrie und sie wurde vergessen. Heute zählt sie zu den Großen, die mit ihren existenziellen Fragen auch junge Leute fasziniert.

Silvio Berlusconi

Trotz Skandalen und Affären, Bunga-Bunga-Partys und Verurteilungen war der Unternehmer und Medienmogul viermal Italiens Ministerpräsident.

Inge Feltrinelli

Die Fotografin Inge Schönthal schaukelte nach dem Tod ihres Mannes G. G. Feltrinelli (1972) den von ihm gegründeten Verlag erfolgreich durch Höhen und Tiefen und machte ihn zu einer der größten Kulturinstitutionen Italiens.

Paos Pinguin

Ab 2000 tauchten in Mailand plötzlich Pinguine auf und schauten die Passanten mit großen Augen an. Streetart-Künstler Paolo Bordino, kurz Pao, hat sie geschaffen, ebenso wie riesige Murals mit Porträts berühmter Mailänder.

Ruth Shammah

Die Intendantin und Regisseurin des vor über 40 Jahren von ihr mitbegründeten Teatro Parenti ist eine Säule des italienischen Theaters. Sie bringt klassische und zeitgenössische Werke, spannend inszeniert, auf die Bühne.

Umberto Eco

Weltberühmt wurde der Professor für Semiotik, einer der großen Intellektuellen der jüngsten Vergangenheit, mit seinem Roman »Im Namen der Rose«.

Miuccia Prada

Die berühmte Modedesignerin (Politikwissenschaftlerin mit Schauspielausbildung) mit dem besonderen Gespür für Trends hat Mailand einen großartigen Kunstort beschert.

Dario Fo

Nie hat der politische Aktivist, Dramatiker und Komiker ein Blatt vor den Mund genommen. Die Überraschung war groß, als er 1997 den Nobelpreis für Literatur bekam.